新时期高校
财务管理问题研究

刘芬芳　梁　婷　著

山西出版传媒集团

山西经济出版社

图书在版编目(CIP)数据

新时期高校财务管理问题研究 / 刘芬芳，梁婷著
. —太原：山西经济出版社，2019.12
ISBN 978-7-5577-0604-3

Ⅰ．新… Ⅱ．①刘… ②梁… Ⅲ．①高等学校－财
务管理－研究－中国 Ⅳ．①G647.5

中国版本图书馆 CIP 数据核字(2019)第 254676 号

新时期高校财务管理问题研究
XINSHIQI GAOXIAO CAIWU GUANLI WENTI YANJIU

| 著 者：刘芬芳 梁 婷 |
| 责任编辑：解荣慧 |
| 特约编辑：张素琴 张玲花 许 琪 庄凌玲 |
| 装帧设计：崔 蕾 |

出 版 者：山西出版传媒集团·山西经济出版社
地 址：太原市建设南路 21 号
邮 编：030012
电 话：0351－4922133(市场部)
 0351－4922085(总编室)
E － mail：scb@sxjjcb.com(市场部)
 zbs@sxjjcb.com(总编室)
网 址：www.sxjjcb.com

经 销 者：山西出版传媒集团·山西经济出版社
承 印 者：北京亚吉飞数码科技有限公司

开 本：787mm×1092mm 1/16
印 张：16.5
字 数：214 千字
版 次：2020 年 3 月 第 1 版
印 次：2020 年 3 月 第 1 次印刷
书 号：ISBN 978-7-5577-0604-3
定 价：78.00 元

前　　言

自 20 世纪末以来,我国的高等教育进入蓬勃发展阶段,高校学生人数、校园规模急剧扩张,实现了跨越式发展。随着高等教育改革的深化,高校法人地位的确立,高校的办学模式从单纯依靠国家财政拨款转变为多渠道筹资。特别是近年来,随着高等教育财政体制改革的不断深化,高校的内外部环境发生了深刻变化,经济活动日益复杂,高校作为独立主体,可以支配的经费越来越多,财务权力也越来越大,但是高校财务管理在拨款体制、成本管理、债务管理等方面仍然存在一些问题。高校改建、扩建引起的负债对学校财务管理和融资造成困扰,办学成本测算缺乏规范,财务控制制度不健全,这些问题已经严重制约了高校的经济发展。因此,高校财务管理必须适应新形势的发展要求,建立健全的财务内控制度,加强对高校财务风险的防范与控制,创新成本管理方法,从而更好地为学校教学科研和广大师生服务。

本书针对我国高校财务管理的若干问题进行了研究,共分为七章。第一章是高校财务管理概述,对高校财务管理的背景、目标以及创新的必要性进行了研究。第二章是高校财务成本管理,对高校财务成本核算以及成本控制进行了探讨。第三章是高校财务人员管理,对财务人员配备及管理、财务人员岗位控制进行了具体论述。第四章是高校财务内部审计,对开展高校财务内部审计的必要性以及强化高校财务内部审计的措施进行了阐述。第五章是高校财务绩效管理与制度创新。第六章分析了财务困境的形成与应对。第七章对高校财务管理的新问题和新发展进行了探究。

全书内容翔实、语言精练、论述深入浅出,具有较强的可读性和参考性。总体来看,本书具有以下三个特点。

第一,本书结构合理,内容完整。本书以高校财务管理为核心,首先从整体上进行了财务管理概述,接着从成本管理、人员管理、内部审计、绩效管理与控制等方面进行了具体论述。在写作过程中,既注意内容的准确性,又较为重视结构的合理与完整。

第二,本书具有创新性。在我国高校现有的财务管理和会计核算体系基础上,在科学性、可操作性原则的指导下,以对高校财务困境的形成原因的理论研究为基础,构建了高校财务风险预警体系,并且提出了高校财务困境的应对策略。

第三,本书具有前沿性。在对财务管理的基本概念、核心内容进行系统研究之后,本书最后一章从高校财务的供给侧改革以及信息化管理两个方面对高校财务管理的新问题和新发展进行了探索。

在撰写本书过程中,作者参考了许多专家、学者的相关著作、论文,吸取了诸多有益成果,在此向他们致以最诚挚的谢意。由于作者水平有限,书中难免有不足之处,敬请各位专家、学者以及广大读者予以批评指正。

作　者

2019 年 4 月

目　　录

第一章　高校财务管理概述

随着我国高等教育财政体制改革和外部理财环境的变化,高校财务管理成为高校工作的一个重点内容,尤其是在高校越来越多地参与社会经济活动的情况下,加强高校财务管理的科学性、有效性已经成为一个重要课题。而从整体上把握高校财务管理,是更好地开展高校财务管理活动的基础。

第一节　高校财务管理的背景

一、我国高等教育财政政策概况

研究高校财务管理问题就需要了解我国高等教育的财政政策情况,这是高校财务管理的政策支持,是其改革和发展的重要背景。在复杂的经济环境下,掌握财政政策是高校开展科学财务管理的基本前提。

(一)我国高等教育的财政来源

我国的高等教育财政体制与行政管理体制和财政管理体制之间具有紧密联系。需要注意的是,这里所说的高等教育行政管理体制是指宏观意义上的管理体制,也就是说不包括学校内部的管理体制;高等教育的财政管理体制强调事权与财权的有机统一,在高等教育财务管理中发挥着重要作用。从国家管理的高度来看,国家行政管理体制中包含了高等教育管理体制,并且该体制随着我国社会发展不断更新和改革,在中华人民共和国成立后,我国高等教育管理体制先后经历了条块分割和两级管理、以省为主两个发展阶段。

1.条块分割时期

中华人民共和国成立后,我国开始实行计划经济体制,这是由中央统一管理的高度集中的经济体制,针对不同行业中央设立了很多管理部门。基于该项经济体制,为了加强人才培养,各管理部门专门设立了为本部门输送人才的高校,如交通大学和铁道学院就是原铁道部为了培养专业人才设立的高校,这些高校会根据行业发展的实际需要培养相应的人才。地方政府按照属地原则管理本地高校,同时还需要适应当地发展需要适当地在本地开设高校。可以看出,在这样的管理体制下,我国当时的高等教育由中央直接经办和垄断,从整体上看,中央各部门所属和地方所属的高校并存,中央各部门和地方政府按照规定对自己管理范围内的高校进行管理。我们将中央各部门所属的高校称作"条",将地方所属的高校称作"块",所以该时期是高校管理的条块分割时期。在当时这种管理体制下,管理者负责自己管辖的高校的投资事项,并且不向学生收取学费,同时还需要为困难学生提供较大数额的助学金,以此维持贫困学生的基本学习和生活。教育经费列入国家预算,对高校进行统一领导,由中央、省(直辖市、自治区)、市、县分级管理,可以看出这个时期的高校财政来源单一;在大学生毕业后通常也会直接进入"对口行业"或者在相应地区开始工作,就业选择比较少。同时,高校会向自己的主管部门提出科研计划,从主管部门获得科研经费开展相应的科学研究。

由于当时我国实行的是计划经济体制,而条块分割的高等教育管理体制可以适应这种经济体制,这就决定了我国高等教育当时必须实行条块分割的高等教育管理体制。一方面,在这种高等教育管理体制下,高校可以为各行业和地区输送大量高素质人才,开展具有针对性的科学研究,有效地推动各个行业和地区的发展;另一方面,这种管理体制存在显著缺陷,高校严重缺乏办学自主性,而这就导致了高等教育经常出现部门分割、重复建设和效益低下等问题。之后我国逐渐建立了社会主义市场经济体制,在这种体制下条块分割的高等教育管理体制明显无法适应,这就导致我国高等教育管理体制必须做出改变,改革势在必行。

2. 两级管理,以省为主时期

随着社会的进步,我国各个行业和领域都发生了变化,高等教育领域也不例外。根据《中华人民共和国教育法》《国务院关于〈中国教育改革与发展纲要〉的实施意见》《中华人民共和国高等教育法》以及《中共中央国务院关于深化教育改革,全面推进素质教育的决定》等法律、法规和文件的精神,我国自1993年开始对高等教育管理体制进行改革,并将"共建、调整、合作、合并"作为体制改革的主要方式,我国实行高等教育管理体制改革是为了实现"由中央和省两级管理,以省统筹为主"的管理目标,管理体制改革的关键在于高校的重新布局、结构重组、中央与地方的职责分工、政府与高校关系重铸等,这些问题都会对我国高等教育发展造成重要影响,由于人才对社会具有重要意义,高等教育管理体制的改革也直接涉及社会的进步和发展。

我国高等教育财政经过了改革与调整后,除中央所属高校外,形成了中央和省级人民政府两级管理、以省级人民政府管理为主的新体制。在新体制下,省级政府对全省高等教育进行统一管理,针对高等教育的规模、结构、布局等进行宏观调控和管理,从而实现更合理的教育资源配置。继1993年的高等教育管理体制改革,2000年我国再次对高等教育管理体制进行改革,并且这是1993年以来改革力度最大、调整学校最多的一次改革调整活动。在此次改革中,通过高校合并的方式减少了高校数量,对于一些省份高校重复单科性学校过多、办学规模效益低的状况进行改善,同时对当时的高校布局结构进行了适当调整。自此以后,我国高校管理体制仍然随着社会发展不断改革和调整,管理体制日益完善,高校布局日趋合理,很多高校办学中存在的显著问题被解决,同时还充分调动各地政府的办学积极性,推动教育资源的优化配置,扩大办学规模,提高高等教育的质量和效益,同时,还提高了高校办学的自主权,在这样的环境下我国高等教育不断发展并持续改革。高等教育两级管理制度是以省为主的管理体制,这种管理体制主要有两个特点:第一,高校管理由政府主导;第二,遵循事权与财权相统一的原则,高等教育财政资源配置位置中心下移,这是指省级政府在保障和促进高等教育发展方面相较以前承担更多的财政责任。

实际上,我国财政管理体制可以从某些方面影响高等教育的财政管理体制。1994 年我国开始实行中央和地方的财政分税制,这种制度有效地实现了财政分权,具体来说就是通过明确政府间的职责、硬化地方财政的预算约束的方式,更好地管理国家财政。实行财政分权,实际上就是明确划分中央政府和地方政府的职责和权力,通过这种方式改善信息不对称的问题,以此有效促进资源更优配置,实现社会福利最大化。通过建立分税制的财政分权体制,可以有效调动地方政府加大教育投资的积极性,这就可以为我国高等教育的健康发展提供重要条件。同时,我国近年来十分重视教育投资和建设,各省级政府为了响应中央的号召确实在实践中优先发展,2003～2005 年,地方政府的教育投资不断增加,并且教育财政支出在总财政支出中所占比例也始终居于首位,由此可以看出新制度对高等教育发展的推动作用。

3.教育成本分担时期

随着社会的进步,政府越来越重视教育,各级政府加大对教育行业的投资,我国高等教育在这样的背景下获得了越来越丰富的财政来源。发生这种变化是中国社会发展的必然结果,教育成本分担机制与我国多种所有制经济共同发展的经济体制相适应,同时这也是国民收入分配格局变化、政府财政收入在国民生产总值中的比例减少以及家庭和企业所占的份额相对增加引起的必然结果。随着我国社会的发展和变革,高等教育财政来源越来越丰富,除了政府财政投入外,还有事业收入、上级补助收入、附属单位上缴收入、经营收入和其他收入。

讨论高等教育财政来源多样化就需要研究教育成本分担,教育成本分担改变了传统的教育财政来源结构,社会各界逐渐成为高等教育财政分担主体,也就是将"谁受益谁负担"的市场经济原则作为基础依据,确定不同主体在教育成本方面承担的责任,从而构建学校、政府、家庭和社会各方共同参与的教育成本分担结构。高等教育的个人收益率高于社会收益率,即使社会经济不断发展,办学规模不断扩大,相较于高等教育收益率来说,个人收益率下降得也比较缓慢。除了在个人效益方面的体现外,高等教育还可以为人们带来更高的社会地位、良好的健康状况等。美国教育经济学家布鲁斯·约翰斯通提出的高等教育成本分担理论则为高等教育成本分担提供了理论基础。随着我国社会主义市场经济的不断发展,学生(家庭)在高等教育成本分担中所占比例不断增加,当前学生(家庭)已经成为仅次于政府财政的主要高等教育财政来源。为了适应社会发展,我国自 1994 年开始实行高校招生"并轨",也就是取消公费生、自费生的划分,而是对学生统一收费。1996 年,我国政府规定高等教育学杂费水平不超过当年教育培养成本的 25%。随着高等教育的发展,高等教育学费收入不断提高,到 2005 年,中国普通高校学费收入已占其总收入的 34.64%,这表明我国高等教育学费收入已经成为高校的最主要财政来源之一。[①]

从实践中可以看出,中国高等教育的成本分担政策有效地促进了我国高等教育的健康持续发展,尤其是在财政紧缩情况下起到了重要作用,但在这样的政策下,个人需要承担的教育成本较

---

① 张连绪,王超辉.我国高等职业教育经费来源中的结构问题与对策[J].中国职业技术教育,2013(21):8-11.

高。因此,对高等教育进行科学管理,必须处理好个人成本分担与高等教育发展之间的关系,这是促进我国高等教育发展的关键。

(二)我国高等教育的财政拨款体制

对于高校财务管理来说,高等教育财政支出体制也具有重要意义。在高等教育财政保障体制责任划分明确的条件下,相关管理部门为了保障高等教育事业的健康稳定发展,在高等教育的各个环节投入人力、物力和财力,并且保证这种教育资源的分配与使用是以提高资源利用效率为目的的,实际上,财政拨款模式是高等教育财政支出体制的核心。具体来说,宏观支出和微观支出都包含在高等教育财政支出中,这是一个综合概念。

1.我国高等教育财政投入体制变革

中华人民共和国成立后,我国开始实行高度集中的计划经济体制,在这样的经济体制下,我国高等教育经费投入显现出集中管理体征,也就是由高等教育的举办者负责筹措和管理经费。之后,随着改革开放我国高等教育经费投入体制发生改变,逐渐形成了多元化的高等教育财政投入体制。20世纪初,中央和省级政府两级管理、以省级政府管理为主的高等教育管理体制基本形成。

(1)统一财政分级管理阶段。

1949～1979年,我国实行计划经济体制。对于高等教育领域来说,当时一小部分高校由地方政府直接领导,剩下大部分高校则由中央各部委领导和管理。从总体上来看,我国高等教育财政投入体制在该时期大致经历了以下四个发展阶段。

第一阶段为统收、统支阶段。在该发展阶段,教育经费由中央、大行政区和省进行三级管理,实行统包制度,中央政府和地方政府根据高校的管理关系对办学经费进行分别安排。

第二阶段为统一领导、分级管理阶段。在该发展阶段,全国财政划分为中央、省和县(市)三级财政管理。国家预算包括教育经费这个项目,国家对教育经费进行统一领导,地方需要向中央申报教育经费需求,由中央权衡后进行经费划拨。

第三阶段为条块结合、以块为主阶段。各级人民政府财政部门在编制经费预算和核定下级经费预算时与同级教育部门协商拟订,在下达经费预算时将教育经费单列。

第四阶段为财政单列、"戴帽"下达阶段。也就是说,上级部门按照指标直接向下级部门分配对应的教育经费。

(2)分级财政分级管理阶段。

我国财政管理体制自 1980 年开始发生了本质改变,1980 年前的调整与改革都是以财政统一管理为基准的,而 1980 年之后,我国从统一财政分级管理体制转变为分级财政分级管理体制,这种转变意味着中央对财政管理施行了分权,我国财政体制转变为中央和地方分级管理。在这种财政体制下,只有教育部所属高校的经费仍然由中央政府直接负责,其他高校的教育经费全部由各省级政府负责。在这样的财政制度下,可以秉承事权与财权相统一的原则,实现高等教育财政资源配置下移,也就是更多地发挥省级政府在促进高等教育发展方面的财政作用,减轻中央财政负担。在该时期,我国高等教育的财政投入体制发展大致上经历了以下两个阶段。

第一阶段为财政切块、分级负责阶段。中央财政和地方财政在该时期对高校教育经费进行切块安排,分级负责。

第二阶段为分税制阶段。1994 年开始,我国正式实行分税制,该税制的基本特征在于明确划分了中央收入和支出与地方收入和支出,并且明确了各级政府在教育投资方面的具体职责。该制度强调,各级政府都应该按照实际情况在教育投资方面承担一定的责任和义务。这种制度有效地推动了我国高等教育的健康、稳定、持续、快速发展。

2.中国高等教育财政拨款模式变革

(1)"基数＋发展"拨款模式。

我国高等教育财政拨款最初采用的是"基数＋发展"的拨款模式,这种财政拨付模式遵循定员定额原则。具体来说,就是财政拨款会以机构规模、事业需要等实际情况确定具体的人员编制、房屋和设备标准等,这种拨款模式将上一年的经费所得作为当年的拨款基数,从而以此为基础合理分配当年的教育经费。需要注意的是,这种经费分配方式是将上年的支出结果作为依据的,而并没有进行合理的成本分析,这就可能造成经费分配不合理现象的发生,即单位成本越高的学校获得经费越多,这对于高校开展科学的成本控制造成了阻碍,同时还不利于高校提高经费的使用效率。

(2)"综合定额＋专项补助"拨款模式。

我国为了适应社会发展,推进高等教育健康发展,于1986年推行高等教育财政拨款模式改革,明确了高等教育财政拨款采取"综合定额＋专项补助"模式。1986年10月我国出台了《高等院校财务管理改革实施办法》,明确规定了我国高等教育经费预算核定办法。高校年度教育事业经费预算由主管部门负责核定,需要根据教育科类、学生实际需要及高校所在地实际情况,参考国家实际财力情况进行核定,这种办法称为"综合定额加专项补助"的核定办法。属于地方政府管理的高校采取相似的财政拨款标准公式。具体来说,需要充分参考标准普通本、专科生人数,同时引进为主要拨款依据,并引进生师比、生均教学行政用房、生均教学科研仪器设备值、生均图书、具有研究生学位教师占专任教师的比例这几个体现基本办学条件要求的调控参数,核定财政拨款,充分利用资金实现扩大学校规模、改善办学条件、提高办学质量的目标。

这种财政拨款模式基于平摊思维,也就是将维持高校正常运营的支出平均分摊到每个学生身上,以学生在校人数为基准拨付相应的财政补助金。"综合定额＋专项补助"拨款模式是对"基数＋发展"模式的一种升级和发展，更好地体现了公式拨款法的优点。该教育经费拨款模式以对高校的初步成本分析作为基础，可以更好地反映高校成本运行规律，以此可以有效提升高校财务运作的透明性和公正性。不可否认的是，这种模式在实施过程中还存在很多问题，主要包括以下两点内容。

第一，"综合定额＋专项补助"拨款模式仅将高校的招生人数作为其拨款基准，而高校的实际培养成本、效益回报和高校学科专业特色等则不再考虑范围内，这就导致财政拨款无法有效地实现政府拨款作为对高等教育发展宏观调控、实现政策目标的主要经济手段的功能，同时在高校投资越来越多元化的今天，这还不利于调动其他社会资源的积极性，严重的甚至可能导致高校陷入通过不断扩招实现财务目标的困局。

第二，"综合定额＋专项补助"拨款模式属于单一公式拨款方式，无法保证真实性和准确性，过于死板的拨款模式不能适应动态的高等教育成本变化规律，尤其对于教育资源十分有限的情况而言，为了自身发展一些微观办学主体会采取一定不正当竞争行为。此外，这种拨款方式无法体现拨款机制的多目标要求，仅仅将学生人数作为单一的政策参数，这也就无法发挥多政策参数的作用，无法切实有效地对高校办学产生多重激励。

基于以上两种财政拨款模式的不足，我国财政部门也在不断研究以推进现有的高等教育财政拨款模式的更新，从而提高其科学性、有效性，现在已经将公平与效率的原则引入现有拨款模式，其目的是对财政资金使用的全过程进行监督，特别是做到事前监督。

随着社会的发展，我国越来越重视高等教育的改革发展，中央财政为了适应教育发展的要求，在20世纪90年代以后开始大力促进高等教育的发展，通过这种方式有效地增加了专项资金投入。原国家教委对教育专项资金进行专业的项目管理，以此更高效地发挥教育专项资金的宏观调控功能。具体来说，原国家教委会针对项目的立项、论证与评估、执行和监督等全过程开展全面、仔细的管理与跟踪。此外，还需要通过专业的中介评估机构对已经完成的项目进行全面评估，通过科学评估投入资金的使用，促使资金使用效率提升，从而更好地实现资金效益目标。

二、高校理财环境的变化情况

近年来，我国的市场经济体制不断完善，教育体制改革也逐步深化，教育市场的开放程度也不断加深，这就导致我国高校理财环境发生了一定变化，对我国高校财政管理产生了深刻影响。一方面，我国高校正处在着力提高高等教育质量，努力增强高校科技创新与服务能力的重要时期；另一方面，高等教育体制改革的目标是要通过现代大学制度的建立，逐步建立政府宏观管理、学校面向社会自主办学的新体制。高校财务工作是高校所有工作的基础，是高校提高教学质量、提升工作效能的保证，是保持高校稳定发展的关键。因此，进一步加强地方高校财务管理显得尤为重要和迫切。

（一）高校校外理财形势

1.高校有关发展和管理的内部形势

首先，随着高等教育的不断发展，我国高校的办学规模不断扩大，这就导致高校资金问题日渐突出，相关经济活动也越来越复杂多变。其次，建立高校的多渠道的融资体制已迫在眉睫，并且国家财政补助占高校经费总额的比例呈逐年缩小的趋势。此外，高校发展模式正在由外延式逐步走向内涵式。这些无不表明高校财务管理的内涵与外延正在发生变化，客观上对高校财务工作提出了更高的要求。

2.国家有关高校的外部形势

在全新背景下，我国高等教育体制改革的目标发生了变化，具体来说,要建立政府宏观管理、学校面向社会自主办学的高等教育体制,只有这样才能满足市场经济体制下高等教育发展的现实要求,而首先就要建立并不断完善适应高等教育改革的现代大学制度。市场经济的竞争机制已延伸至高等教育领域的方方面面,包括学校与学校之间、学校与社会企业之间都存在着激烈的竞争。同时,随着财政体制改革的深入,按照公共财政的要求,将逐步集中财力办好重点高校的重点项目和加大对基础教育的投入。此外,多种所有制高校数量的大幅增加,推动了高校财务管理向国际化的方向前进。

(二)高校校内理财环境

1.财务管理模式转换需求加大

不同地区的经济发展水平不同,这也决定了不同区域的高校发展不均衡,这是我国经济发展不均衡造成的必然结果。目前有不少高校尚未步入内涵发展的轨道,尚需 2～3 年的转型期或者调整期。实际上,高校的财务管理目标与发展目标一致性很高,并且处于不同发展阶段的高校有不同的财务管理目标,一些高校财务管理相对低效与粗放,强调的是资金的筹集和投入;一些高校的财务管理比较内涵和精细,这些高校追求的是更好的办学效益。不同高校的实际情况不同,这就导致它们的财务管理模式不尽相同。从高校办学实际来看,随着办学规模的不断扩大,不仅高校的财务运行规模持续扩大,为了适应发展要求,高校财务管理职也不得不相应拓宽,财务管理的内容越来越丰富、战线越拉越长,而这也导致高校财务管理的边界出现一定模糊。在这样的背景下,高校财务管理内涵提升速度缓慢,这就导致财务管理点面脱节,大量校级财务工作堆积,没有精力对更深层次、趋势性问题做出前瞻性的思考和研究,这就导致当时的高校财务管理模式很难适应改变。

2.高校债务化解压力增加

随着外延发展繁荣,高校为了进一步发展积攒了大量建设性、发展性债务,一些高校甚至为了推进建设和发展欠下超出自身偿还能力的债务。现在问题的关键是,高校维持正常运转已实属不易,或者说很困难,根本考虑不了偿债,单靠学校的力量很难化解债务。由于教育收费具有非营利性、政策性和成本补偿性等特征,导致高校收费政策在调增时受到一定限制。虽然目前关于非义务教育阶段的成本分担已经成为社会共识,但是不同主体的分担份额却没有达成共识,这也是导致教育成本分担难以落实的问题。

3.高校管理决策信息有用性需求趋强

一方面,高校承受着缓解规模扩大和与内涵提升的双重压力,面临着推进现代大学管理制度的现实问题,同时还需要承担加强财务风险防范能力的压力,这就进一步加深了高校财务管理的难度,这主要体现在复杂性、综合性、精细度的加深上;另一方面,高校无法从财务部门提供的财务信息中获得全面信息支撑,在做出关乎学校发展的重大战略决策时,没有信息支撑是一个巨大隐患。在高校的运行管理过程中,需要解决各种利益问题,必须处理好复杂的校内外利益关系,这就要求高校必须及时完善管理运行机制,而这也体现在对财务信息的管理决策分析方面,要求财务信息从可理解性尽快向决策有用性扩展的趋势加快发展。

4.筹资结构的不稳定性增强

例如,在学校收入结构中,学费、住宿费等已经成为高校收入的主渠道,银行贷款、学宿费收入、财政补助在高校财务份额中占比由高到低。可以看出,随着高校不断扩大办学规模,自身的筹资能力也在不断提升。不得不说的是,对于高校财政而言,政策性因素仍然对高校筹资具有不可忽视的主导作用,尤其是对于那些按民办新机制运作的独立学院而言,很难完全依靠自身的能力实现高校的财政目标,难以推动高校的顺利运行。但是,一旦几年后生源缩减,首先受影响的便是这些独立学院,部分高校招生出现预期的"拐点",从而导致这些高校筹资政策势必面临调整,筹资结构的不稳定性将会更加凸显出来。

三、高校会计制度的变化

我国高校自 2014 年开始实行新的会计制度,即《高等学校会计制度》,新制度相较于《高等学校会计制度(试行)》(以下简称"旧制度")存在较大差异。

(一)新旧会计制度的会计核算基础比较

在旧制度下,高校的会计核算主要以收付实现制为基础,这就导致会计核算无法客观反映高校的实际成本。新制度针对这点做出了改变,在会计制度中适当引用了权责发生制。以学费收入为例,在新制度下,学费需要通过权责发生制予以确认。这是指,高校需要在每个教学年度,根据教务部门提供的学生注册数以及报到人数,按照相关部门的收费标准向学生收取相应费用,这包括学费、住宿费等一切规定费用,并要按照要求办理入账手续。为了更准确地对学费收入进行核算,将"应收及暂付款"科目改成"应收账款""其他应收款"等一级科目,通过更详细的记录避免错误发生。通过这种方式,可以有效提高数据信息的准确性,教务部门和学生部门可以更及时地催交学费、住宿费,从而有效地降低了发生坏账损失的风险;同时,这种会计制度相较于原来的会计制度更全面、真实地反映了高校的资产、负债、收入、支出等会计要素增减变化情况,这样高校可以更全面地掌握会计信息,从而更好地从整体上把握学校的财务情况,掌握财政事业资金的运动过程和工作业绩。

（二）新旧会计制度的会计科目设置比较

1.收入和费用类科目设置的区别

从收入的来源看，高校的收入包括财政补助收入、上级补助收入、科研业务收入等。通过新旧制度的比较，我们可以很直观地发现，增加调整了资产类科目、负债类科目、净资产类科目、收入和支出类科目。在新制度下，"其他收入"包含的内容进一步扩大，投资收益、固定资产出租收入等科目都纳入新制度下的"其他收入"科目的核算范围。在新制度下，费用类科目最大的变动在于增设了全新科目，即"以前年度盈余调整"科目。

2.负债类科目设置的区别

变化最大的是"借入款项"科目的改革。旧制度下，基本支出和项目支出全部计入"借入款项"进行核算。同时，新制度进一步对"借入款项"做出细致划分。到期日长的为"长期借款"，到期日短的为"短期借款"。负债类科目相较于资产类科目，在新制度下的改变并不大，但是在原有的负债类科目基础上也相应地增加了一些科目，包括相"应付职工薪酬""预收账款""其他应付款""长期应付款"等，通过调整和增加会计科目，可以使会计核算更适应权责发生制的要求。

（三）新旧会计制度的固定资产折旧处理方法比较

在《高等学校会计制度（试行）》中，不计提固定资产折旧。为了提高真实性和准确性，新制度要求按月对固定资产计提折旧，其中文物文化资产不需要计提折旧，通过集体折旧的方式可以在固定资产的预计使用寿命内系统地分摊固定资产的成本。通过对固定资产计提折旧的方式提高了财务报表数据显示的准确性，计提折旧可以更好地体现固定资产净值，从而使财务报表中的固定资产符合资产的定义，从而保证财务报表数据与《企业会计准则》的资产负债观的一致性。

（四）新旧会计制度的会计报表比较

在旧制度中，高校需要按要求编制要求资产负债表、收入支出表和支出明细表，显然这些会计报表比较基础是不够全面，也就导致预算情况不够科学，提供的会计信息过于简单，很多时候由于会计报表不全面不完整使高校的财务状况被忽略，因此旧制度会计报表提供的一些信息只能作为财务数据的统计。此外，会计报表项目的设置不够科学严谨，会计报表体系不够完整，对象比较单一。新制度中财务报表增加了新的内容，包括资产负债表、收入支出表（月度）、收入支出表（年度）、财政补助收入支出表和报表附注。新的财务报表体系可以为报表使用者提供更多的信息。

在现行体制下，基建账游离于财务账之外，这对于高校会计报表的完整性、准确性造成了不利影响，导致高校会计报表并不能真实、完整地反映高校各项财务信息。对于基建账目资金来说，不论来源形式如何，最终都会形成一部分实物资产、一部分费用，同时还可能留下一部分货币资金。而新的会计制度下，为了加强会计报表的完整性、真实性，专门增加了基建投资表并将其并入高校财务报表之中，这就消除了基建账游离于财务账之外带来的困境，使财务报表可以全面反映高校经济资源以及基建活动全过程的核算内容。

通过以上分析可以看出，新的高校会计制度相较于旧制度有很多不足。新制度是基于旧制度的创新，为了提高财务准确性和全面性，新制度采用修正的权责发生制和收付实现制两种不同记账基础，利用现代化的财务信息系统可以提高财务信息的准确性，对于高校会计发展具有重要意义，可以说这是高校会计制度设计与改革的重大创新。相较于旧制度，新制度核算的内容更加全面，可以更全面、更完整地反映高校办学经济活动的全过程。在新制度下，增加了"在建工程""基建工程"两个科目，通过这种方式有效改良了原来基建工程单独建账进行核算的问题，同时对会计科目的核算内容进行了全面地修改和调整。不过，新制度并不是完美的，同样存在一些不足，如应该增加现金流量表等。

四、高校财务制度的变化

我国高校自 2013 年开始实行《高等学校财务制度》，新的高校财务制度相较于 1997 年颁布的《高等学校财务制度》发生了很多变化。从章节内容来看，新制度基本保持了旧制度的结构体系，但根据高等教育发展实际情况做了适当的调整；主要是减少了"事业基金管理"这一章，增加了"成本费用管理"和"净资产管理"两章内容；将专用基金管理等内容放入了净资产的限定性净资产管理等部分；将原来支出管理部分的费用归集分摊、经济核算等内容调到了"成本费用管理"部分；将原第六章"结余及其分配"名称改为"结转和结余管理"。现就新制度的具体章节的变化说明如下。

（一）总则和附则的变化

（1）适用范围发生变化。新的财务制度调整了旧制度的适用范围，新制度规定，"本制度适用于各级人民政府举办的全日制普通高等学校、成人高等学校（以下简称"高校"）。其他社会组织和个人举办的上述学校可以参照本制度执行。"

（2）主要任务发生变化。新制度基于旧制度增加了"有效控制预算执行，完整、准确编制学校决算""建立健全学校财务制度，加强经济核算，实施绩效评价""防范财务风险"等内容，根据高等教育发展要求补充了主要任务，更好地明确了高校财务的发展方向。

（3）权责发生制引入的问题。新制度没有直接表述高校财务管理的权责发生制问题。这主要是考虑权责发生制直接表现为会计计量基础问题,在《高校会计制度》中加以明确表述即可。虽然新制度没明确表述,但是在资产管理、负债和成本费用管理等章节均遵从了权责发生制的要求。权责发生制的引入是这次旧制度修订的一个创新与突破。

(二)财务管理体制的变化

1.关于财务人员管理的改变

旧制度规定,高校需要在校内设置财务会计机构,同时还需要配备相应的专职财会人员。只有在获得了上一级财务主管部门的同意后,才可以对该级财会主管人员的任免做出决定,不可以对校内各级财会主管人员进行任意调动或撤换。财务部门会同相关部门办理财会人员的调入、调出,对专业技术职务进行评聘。新制度对财务人员的配备没有修订,主要是对财会人员的管理做了修订,对文字表述做了调整与修改,新制度规定,学校一级财务机构会同相关部门,负责办理校内财会人员的调入、调出、专业技术职务的评聘,同时需要负责校内二级财务机构负责人的任免、调换或者撤换。

2.关于财务管理机构的改变

新制度对二级财务机构与学校一级财务机构的关系、二级财务机构职责没有修订,主要是对需要设置二级财务机构的范围做了修订,将"高等学校校内后勤、科技开发、校办产业及基本建设等部门"改为"高等学校校内非独立法人单位",这主要是考虑:大多数高校的科技开发与校办产业,经过改制已并入学校的资产经营公司,资产经营公司的财务遵循的是企业财务管理制度;基本建设部门财务大多已并入学校财务处,修订后的《事业单位财务规则》和《高等学校财务制度》均将其合并到高校的财务管理体系;独立法人单位不能作为学校的二级财务机构,因为按照法人登记注册的要求,其必须是设置独立的财务机构和人员。

(三)单位预算管理的变化

(1)预算的调整。新制度相较于旧制度增加了"高等学校应当严格执行批准的预算"的规定。因为"财政补助收入"是财政从国库核拨给事业单位的资金,不再使用"预算外资金"这一概念,教育收费经批准暂不缴国库,仍实行财政专户管理,新制度规定"国家对财政补助收入和从财政专户核拨的预算外资金一般不予调整。"

(2)预算编制和审核程序。为了使高校财务更好地适应高校财务预算管理的程序,新制度明确规定高校预算编制和审核程序经法定程序审核批复后执行。

(3)预算编制方法。新制度取消了"校级预算和所属各级预算必须各自平衡,不得编制赤字预算"的要求,因为随着经济社会的发展,适度负债已经成为高校实现发展的一项重要举措,与预算平衡原则不相适应;在基本建设并入财务"大"体系改革之后,在基本建设大规模投资的个别年度是很难实现预算平衡和不出现赤字的。

(4)预算编制原则。在旧制度中,预算编制原则为"必须坚持",新制度则规定预算编制的总原则为"量入为出、收支平衡";收入预算编制坚持积极稳妥原则;支出预算编制坚持统筹兼顾、保证重点、勤俭节约等原则。

(四)收入管理的变化

新制度关于收入的规定相较于旧制度更全面,在新制度中,收入被划分为政府补助收入、事业收入、上级补助收入、附属单位上缴收入、经营收入、其他收入,同时,专门针对政府补助收入和事业收入做出了具体修改。考虑到收入来源的渠道不同,可以将收入简化为:政府投入、学校自筹和其他。

(1)政府补助收入。新制度明确了"政府补助收入"的概念。

在旧制度中,政府补助收入的概念为"高等学校从财政部门取得的各类事业经费",新制度则将其修改为"高等学校从同级财政部门取得的各类财政拨款",扩大了财政补助收入的概念内涵。

(2)事业收入。在旧制度中,事业收入分为"教学收入""科研收入";在新制度下,事业收入划分为"教育事业收入""科研事业收入"。新制度扩展了教育事业收入的具体内容,增加了对教育事业收入上缴国库或财政的管理条款,这是因为根据部门预算改革的要求,"预算外资金"概念不再使用,同时规定高校的收入仍实行财政专户管理。

(3)增加了对上缴国库和财政专户的管理要求条款。为加强对事业单位收入管理,保证按照规定上缴国库或者财政专户的资金及时足额上缴,防止出现隐瞒、截留、挤占和挪用等问题,新制度增加了"高等学校对按照规定上缴国库或者财政专户的资金,应当按照国库集中收缴的有关规定及时足额上缴,不得隐瞒、滞留、截留、挪用和坐支"的规定,适应《事业单位财务规则》的新要求。

(五)支出管理的变化

1.重新修订支出分类

(1)事业支出。

新制度对"事业支出"的分类做出较大修改。在新制度中明确规定,高等学校开展教学、科研及其辅助活动发生的基本支出和项目支出为事业支出。其中,基本支出是指高校为了实现运行、教育、科研等目标发生的支出,包括人员支出和日常公用支出。项目支出是针对特定工作任务和事业发展目标而言的,这是高校运行过程中,在基本支出以外发生的财务支出部分。新制度取消了旧制度对事业支出内容的八大分类。

(2)其他支出。

在新的高校财务制度中,增加了对"其他支出"的规定,有效地补充了原有高校财务制度关于收入的规定。按照新制度的规定,其他支出即本条上述规定范围以外的各项支出,包括利息支出、捐赠支出等。

2.增加支出管理内容

新制度规定,高等学校应当依法加强各类票据管理,确保票据来源合法、内容真实,不得使用虚假票据账。一旦发现虚假票据入账,必须及时纠正,高等学校应当严格执行国库集中支付制度和政府采购制度等有关规定,高校应该进行科学的支出绩效评价,提高资金使用的有效性。

(六)结转与结余管理的变化

1.修订结转与结余的概念

在新制度下,明确规定结转和结余是指高等学校年度收入与支出相抵后的余额。其中,结转资金是指当年已经按照预算执行却没有执行完成,或者因为特定原因没有按照预算执行,但下一年度需要按照原用途继续使用的资金。结余资金是指当年按照预算计划执行并完成工作目标剩余的资金,或是因为特定原因终止执行剩余的资金。按照规定,结转资金原则上需要结转至下一年度按照原计划继续使用;结余资金则应该全部统筹用于编制以后年度部门预算,改变用途须报财政部门审批。

2.事业单位结余管理

新制度将结转和结余划分为两部分,一部分为财政拨款的结转与结余,另一部分为非财政拨款结转与结余,由于二者性质不同,因此管理要求自然也不同。原则上,高校需要按照同级财政部门的相关规定,管理财政拨款结转和结余资金。高校的非财政拨款结转则直接按照相关规定结转至下一年度继续使用。在实践中,高校的非财政拨款结余通常可以按照国家有关规定提取职工福利基金,剩余部分则可以作为高校发展的事业基金。事业基金可以在之后用于弥补高等学校以后年度收支差额,为高校教育事业发展提供资金支持。此外,对于国家另行规定的按照国家规定执行。

(七)资产管理的变化

(1)在资产分类中增加"在建工程"。

(2)在流动资产增加了货币资金的类别,将"应收及暂付款项"名称改为"应收及预付款项",并增加了对货币资金和应收及预付款项的内容说明。

(3)强化了资产账物和有关收益的管理。对盘盈、盘亏的固定资产,应当及时查明原因,并根据规定的管理权限,报经批准后及时进行处理。高校的对外投资收益以及利用国有资产出租、出借取得的收入,应当纳入单位预算,统一核算、统一管理。高校的资产处置收入应按照国家有关规定实行收支两条线管理。国家另有规定的,从其规定。

(4)进一步规范了对外投资行为。高校应当严格控制对外投资;对外投资应当按照国家有关规定报经财政部门或主管部门审批;高等学校以实物、无形资产对外投资的,合理确定资产价值;高校不得使用财政性资金进行对外投资,不得从事股票、期货、基金、企业债券等投资。

(5)适度调高了固定资产的单位价值标准。把固定资产单位价值由 500 元提高到 1 500～2 000 元以上,且"高等学校的固定资产明细目录由教育部制定,报财政部备案"。

(6)规范了资产使用和处置的管理。高校出租、出借资产,应当按照国家有关规定经主管部门审核同意后报同级财政部门审批。

(7)增加了资产折旧与摊销的管理规定。高校除文物和陈列品之外的固定资产,应当采用年限平均法,在其使用年限内计提折旧。固定资产折旧政策一经确定,不得随意变更等。

（8）建立了资产共享共用制度。高校应当加强资产管理，建立资产共享、共用制度，完善资源有偿使用成本补偿机制，提高资产使用效率。

（八）负债管理的变化

1.增加了负债风险控制管理

随着外部环境剧烈变动，高校面临更多风险，尤其随着负债已经成为高校实现发展的一种手段，高校必须加强负债风险管理，需要建立健全负债的风险控制机制，规范和加强借入款项管理，严格审批程序，具体办法由财政部门会同主管部门制定。

2.修订负债内容

新制度将旧制度中的"暂付款"改为"预收账款"并进一步解释了"借入款项、应付及预收款项"这一内容，借入款项包括高校为流动资金周转或基本建设工程而向银行等借入的短期与长期的款项，应付及预收款项包括高校应付职工薪酬、应付票据、应付账款、其他应付款和预收账款等款项。修订了"应缴款项"的内容解释，根据国库支付改革和社会改革的新要求，增加了"应当上缴国库或财政专户财政的资金、社会保障费"方面的内容。

（九）其他内容

在新制度中，几乎没有修订"财务清算"的规定。按照新制度的规定，分立高校需要按照相关规定，将资产转移至分立后的高校，并相应划转经费指标。新规定基本上没有对"财务报告与分析"进行修订。在"财务监督"中对监督的内容进行了规定，新制度规定，需要监督预算编制、财务报告的科学性、真实性、完整性，监督预算是否有效地执行，监督预算执行是否具有均衡性；监督高校的各项收入和支出是否合规合法；监督财政拨款结转和结余的管理情况；监督高校是否对资产进行规范、有效的管理；对违反财政制度的问题进行纠正等。

第二节 高校财务管理的目标

　　高校开展财务管理活动就是为了实现其管理目标,只有明确了高校财务管理的目标,才能以此为基础更切实有效地开展财务管理工作,提高高校的财务管理水平。高校财务管理目标具有自身的独特性,它不是一个独立存在的目标,而是以高校发展总体目标为前提,在高校发展总体目标的框架内,确定为高校发展服务的财务方面的具体管理目标。因此,高校财务管理目标不是一成不变的,而是随着高校发展目标的变化而变化,但基本的管理目标是确定的。高校是公益性的教育事业单位,服务于国家的经济社会发展,提供教育准公共产品,根据高校的特点,高校财务管理的目标包括以下几个方面。

一、高校财务管理的基本目标

　　企业财务管理目标是追求利润最大化。而高校却不同,长期以来,一直认为"不以营利为目的"是高校的内在规定性,财务做到收支平衡就算达到了财务管理活动的目的。随着高等学校教育改革的不断深入,高校办学自主权的进一步扩大,高校得到了快速发展,高校办学模式呈现出了灵活性、多样化的特征,教育经费投入不足与办学规模不断扩大之间的矛盾日益凸显。由此,高校财务管理的内涵与目的也随之发生了较大的变化,现行的高校财务管理运行模式及目标面临着严峻的挑战。因此,转变高校财务管理目标观念势在必行,即使"不以营利为目的",也要将"绩效最大化"、可持续发展作为高校财务管理工作的目标。即讲求"社会效益"(提供教育服务)时,也要追求经济效益,提升竞争力。因此,对高校进行财务管理非常重要。

高校开展财务管理活动,首先需要建立运行有效的财务管理系统,这是财务管理最基本的目标。高校为了实现财务管理目标,必须建立运行有序、管理有效的财务管理和控制系统。高校想要进行科学、有效的财务管理工作,首先需要加强内部管理,要建立健全、有序、高效的内部管理制度,只有保证高校财务管理系统健康、有效运行,才能保证高校从整体层面健康发展。只有实现财务管理本身的有序、有效,才能保证开展财务管理活动可以实现财务管理目标,才能保证高校健康运行。因此,对于高校财务管理来说,建立有效的财务管理系统是基本目标。

二、高校财务管理的主要目标

高校进行财务管理从某种角度来说是为了通过加大筹资推动高校发展,因此实现筹资最大化是高校进行财务管理的主要目标。筹资最大化是为了高校实现更好发展的重要途径,是指实现高校发展所需资金的筹集最大化。在高校财务管理中,筹资最大化是一项重要目标。筹资即通过各种渠道和方式为了某种目的而筹措资金,是一种常见的财务管理活动,需要注意的是,高校属于教育单位,因此与身为经营单位的企业不同,财务管理目标并不是追求利润最大化,高校的财务管理目标应该是追求筹资最大化。高校筹资途径多样,但最主要的资金来源为政府投入和学费收入,在此基础上还有一些其他收入作为补充。学费是政府审批的事业性收费项目,高校收取学费是为了有效地补充教育经费,政府投入和学费收入都是高校筹资的重要组成部分,但是学费收入会在一定程度上受学费标准和学生人数的限制。此外,高校还有收到社会捐资助学等其他资金,这些筹资途径的范围相较于学费收入更为广泛。高校为了实现更好的发展,实现筹资最大化的财务管理目标,应该积极申请政府各项专项资金,还需要积极争取社会的捐资助学。

三、高校财务管理的终极目标

在建立运行有效的财务管理系统,高校财务管理追求的是在筹资最大化的基础上,实现资金使用效益的最大化。可以说,对于高校财务管理而言,基本目标是实现筹资最大化,最终目标是实现资金使用效益最大化。其中,资金使用效益最大化实际上就是指最大程度上发挥筹集到的资金的效益。高校必须在使用资金之前进行科学的效益评价,只有这样才可以有效避免由于盲目或随意支付资金导致发生资金浪费的情况,科学、合理地运用资金是财务管理的关键。高校使用筹集到的资金时,首先需要保障高校的正常运转,其次要为高校发展的实际需要服务,要明确高校发展重点,将资金投放到学校规划和优先发展的项目上,同时高校必须进行科学、有效的资金使用效益评价,只有保证资金充分发挥使用效益,才可以最大程度上发挥筹集资金的作用,才能有效推动高校的发展。

第三节 高校财务管理创新的必要性

一、高校财务管理创新的动因

(一)财务管理创新是高校自身发展的需求

近年来,我国在高校审计监督、财务检查等方面加强重视,导致很多之前没有被发现的高校财务管理问题暴露出来,高校财务管理暴露出的问题主要包含以下九个方面的内容。

(1)在重大经济决策方面缺乏科学性和规范化,一些高校在没有充分论证的情况下做出重大经济决策,这就导致了决策效果不明显的情况发生。在决定重大经济事项、使用大额资金时,很多高校并没有对此进行集体决策。

(2)缺乏高效的财务管理体制,财务运行绩效不高,一些高校甚至没有建立校、院两级财务管理体制,很多高校即使建立了校、院两级财务管理体制也并不健全,这就导致高校与各院系之间的权利、职责和利益不够清晰,在处理经济事项上容易出现扯皮推诿的现象,这就严重阻碍了高校财务的顺畅运行,导致了财务运行绩效在一定程度上有所降低。

(3)违规从事投融资活动、投资效益低下,一些高校在使用贷款时没有严格遵循相关规定,高校一旦违规提供贷款担保或是违规进行风险性投资,就会埋下风险的种子,会为学校带来一定潜在损失,校企之前存在产权不明确、职责不清晰的问题,在对外投资方面严重缺乏科学管理。

(4)缺少完整的预算编制,并且预算执行也不到位,当前仍然有一部分高校存在部门预算与校内预算分离的情况。高校财务预算不全面,仍然有一部分收支没有归入预算,而是游离在预算控制之外,在预算执行的过程中也有很多环节并不到位。

(5)违规使用科研经费、管理责任落实不到位,目前很多高校在科研经费管理方面存在职权不清的问题,也就是说学校、学院和课题组之间缺乏明确的管理职责划分,责任不清晰就导致了各种管理问题。在外拨经费方面也没有明确手续,缺乏严格的监督。当前一些高校会利用不合规票据虚列支出、套取资金等,这些违法违纪行为严重影响高校实现财务管理目标。

(6)资产管理不规范、使用效率不高,目前还有很大一部分的高校存在资产管理与财务预算管理脱节的现象,这就导致了资产重复购置,从而出现闲置情况,一些学校不按照政府采购的相关规则使用资产,存在超标准购置固定资产等现象,还有一些高校在非经营性资产转经营性资产方面存在不规范行为,也没有对经营性资产进行严格监管。

(7)财务收支管理不严、控制不力,当前一些高校会超标准、超范围收费,造成了收费不规范现象的发生,不执行财务收支"两条线"的管理规定,甚至一些高校公款私存建立自己的"小金库",一些高校在预算方面存在问题,"三公"支出膨胀。

(8)建设项目管理缺乏秩序,一些高校在建设项目实践之前并没有充分的可行性,建设项目的投资概算、预算与决算之间存在较大差别,这就导致项目发生频繁变更。高校在项目建设上就需要不断追加投资,最终出现建设项目管理与财务管理脱节的情况。

(9)大量举借内外债、财务风险巨大,一些高校在未经主管部门批准的情况下违规贷款开展基本建设活动,不考虑自身的财务实力,不考虑是否有能力还本付息,导致高校财务运行逐渐恶化,这些行为告知高校承担很大的财务风险,财务运行困难。

以上这些问题严重影响了我国高校的健康发展,扰乱了高校财务秩序,造成高校资金的流失和浪费,使高校资金无法充分发挥作用。这就要求我国高校必须加强财务管理创新,进一步理顺财务管理体制和运行机制,通过加强财务制度建设、改进财务管理流程、规范财务行为来提高财务运行绩效。

(二)高校财务管理创新是高等教育发展的需求

随着经济全球化不断推进和我国改革开放程度的不断加深,我国高等教育也需要与国际接轨,逐渐向国际化方向发展。在国际化环境中,我国高等教育面临复杂问题,高校发展需要处理一系列财务问题,这就要求高校开展科学、有效的财务管理活动。就我国高校财务管理的发展现状来说,财务管理已经成为与高校人才培养、科学研究、社会服务等同样重要的工作内容,并且随着市场经济的发展,高校财务管理将会起到越来越重要的作用,并从高等教育管理的边缘逐渐走向高等教育管理的核心。尤其是在 1999 年我国高等学校陆续扩招以来,高等教育毛入学率不断攀升,2017 年全国各类高等教育在学总规模达到 3 779 万人,高等教育毛入学率达到 45.7％。① 可以说,随着我国高等教育的不断发展,当前已经逐渐从精英教育阶段进入大众教育阶段,基本上满足了社会对人才的需要,满足了广大人民群众接受高等教育的需要,对于我国未来发展来说,高校人才培养为社会发展提供了重要人才动力。为打造人才强国打下了坚实基础。与此同时,政府和社会也加大了对高等教育的投入,推动了我国高等教育的发展。2017 年国家财政性教育经费为 3.42 万亿元,比上年增长8.94％,占 GDP 比例再次超过 4％,政府和社会投资有效地缓解了高校扩招造成的巨大财务压力。但是目前我国对高等教育的财政投入,还是无法满足不断扩大的办学规模带来的资金需求,高校仍然面临着办学经费紧张的问题。造成这种问题的原因很多,其中最主要的原因包括以下几个方面,一是政府和社会投入不足,二是没有充分发挥办学资源的作用,三是由于经费支出结构不合理、支出控制不严格造成了资金浪费。对于高校财务管理来说,应该采取一定手段解决这些问题,高校应该进一步拓宽办学经费来源渠道、优化办学资源的科学配置、科学调整财务支出结构、有效控制办学经费支出等,通过提高办学资金使用效益的方式缓解高校办学资金紧张的问题。

二、高校财务管理创新的方向

(一)加强高校财务管理意识培养

一方面,在过去很长一段时间,我国高校的运作经费都是以财政拨款为主,随着高等教育发展才逐渐转变为财政补助收入、上级补助收入、事业收入、经营收入、附属单位上级收入、其他收入等多种渠道。另一方面,随着高等教育发展,高校办学规模不断扩大,办学条件也不断提高,教职员工的福利待遇也相应地有

---

① 2017 年全国教育事业发展统计公报［EB/OL］. http://www.moe.gov.cn/jyb_sjzl/sjzl_fztjgb/201807/t20180719_343508.html.

所改善与提高,这就导致高校经费收入已经无法充分满足高校继续发展的需要,因此很多高校开始通过向金融机构融资的方式满足自身发展需要。随着高校融资渠道的增多,高校财务管理迎来了新的问题。随着高校发展经费筹集方式的转变,使用经费会产生新的成本,在传统高校财务管理中并没有出现过这样的问题。在高校的经费使用方面,一般情况下,列出的项目支出金额并不是固定资产的真实价值,核算方式也无法反映该项设施的真实成本。基于此,为了有效开展高校财务管理,就需要引入资金的成本意识,只有这样才能使高校财务管理适应新形势,才能充分发挥财务管理对高校发展的作用。

(二)加强高校财务管理观念创新

随着高校理财环境的不断变化,高校财务管理必须做出改变,首先就要转变传统财务管理理念,通过观念创新适应全新的理财环境,以此为基础才可以开展切实有效的财务管理活动。高校的一项重要任务就是向社会输送人才,因此高校为了实现资金管理制度、人员管理制度和经济责任制度的创新,不断加强知识资本观念,从根本上认识人力资源成本与价值,注重人力资源的管理,加强对人才资源的科学核算、整合和利用。对于高校发展而言,财务管理是一个重点内容,但就我国高校财务实践来说,普遍存在经费长期投入不足、投资效益不高的问题。此外,高校的支出结构也缺乏合理性,这就造成了资源的严重浪费。基于此,高校必须加强自身的成本核算,财务管理部门需要树立正确的效益观念,加强对经费支出的控制;在财务管理中,人起到了重要作用,高校财务人员应该充分运用职权,为广大师生提供相应的服务,财务人员应该树立正确的服务观念,强化服务职能,不断提高自身服务质量,只有这样才能为高校财务管理发展提供良好的财务环境;高校需要建立并完善经济责任制体系,要在高校财务工作的各个环节中落实经济责任制度,通过这一途径可以有效地提高高校财务管理水平,可以避免或减少财务工作失误发生。

（三）加强高校财务管理技术创新

我国高校财务核算方式已经由原来的收付记账式转变为复式记账法，这并不仅仅意味着简单的记账法改变，更是标志着高校的核算体系发生了根本的变化。高校的会计业务也由以前的简单反应业务，向着财务预测、控制、分析等功能发展。这决定了电算化软件要相应具备财务数据提炼的能力。

在信息化时代，信息技术在高校财务管理中发挥巨大作用，也就是说，高校财务管理信息化已经成为一种必然趋势。高校财务管理信息化，实际上就是高校管理部门运用各种信息化手段，在财务工作的各个环节集成、整合和优化各种财务信息，利用信息技术实现校内资源共享，通过这种方式有效减少重复劳动，提高财务工作的效率。在信息技术发达的今天，建设数字化校园已经成为重要任务，而高校财务管理信息化则是其中一项重要内容，这对于推进高校的全面、协调、可持续发展具有重要作用。网络的发展一方面为高校发展带来了新的机遇，另一方面也为高校发展带来了新的挑战，这在财务管理方面就有所表现，财务管理信息化已经成为网络信息时代高校财务管理的必然发展趋势。在校园网络化为财务管理信息化提供技术保障的条件下，财务管理信息化实际上就是实现高校资源在管理机制、管理理念、工作方式等方面的改革和创新。

（四）加强高校财务制度创新

高校财务管理创新和发展必须有相应的财务制度支撑，可以说制度创新是财务管理创新的重要组成部分，尤其是在金融形势发生了巨大变化的现代社会，财务制度创新对高校财务管理创新有直接影响。未来将是金融化的时代，高校在信息化、网络化、全球化环境中，必须加强校际沟通和协作。高校开展财务管理活动，必须树立全球化的理财观念，结合自身的实际情况，在世界范围内扩大筹资和投资渠道。我国高校应该积极主动地参与国际竞争,通过这种方式有效提升自身的资本运营效率和效益。同时,高校应该建立健全的管理制度,通过制度的作用规范人的思想和行为,按照相关法律法规规范高校经营管理,一方面可以保证高校财务工作有章可循、有法可依;另一方面可以保证高校财务制度适应不断变化的高等教育发展要求,这样既可以保证财务管理的原则性,又可以保证财务管理的灵活性。

(五)加强高校财务人员素质培养

在过去很长一段时间,我国高校财务业务单一,对高校财务人员的素质要求较低,一般只要求财务人员具备一定政治修养素质和职业道德修养素质。但随着高校规模的扩大和财务业务范围的变化,高校对新形势下的财务人员提出了更高的要求,除了政治修养素质和职业道德修养素质外,业务素质成为财务人员必须具备的重要素质。

1.增强技术能力

计算机及网络技术的发展可谓一日千里,财务工作也受到现代技术的影响,当前电子化和网络化已完全取代了传统的算盘、计算器加账本的模式,并且随着科学技术的不断发展,财务工作的复杂程度不断加剧,同时向一体化方向发展。而技术进步,不仅带来了财务工作的发展,还对财务人员提出了新的要求,财务人员在这样的发展环境中,不仅要不断学习、更新业务知识和能力,还需要适应技术发展掌握现代化办公手段,要熟练地掌握和运用不断更新的计算机和网络技术,只有这样才能不被时代淘汰。

2.增强决策与管理能力

随着高校财务管理的发展,财务人员的工作内容发生了很大变化,财务人员不仅负责账目记载、现金款项的收支流通等基础性工作,还要在一定程度上参与高校管理,可以说财务管理已经成为高校管理中的核心组成部分,并且财务管理的重要性还在不断提升,已经对高校的发展产生了决定性影响。影响高校管理和发展的因素有很多,如科研水平、教育水平等,但财务管理水平通常会直接影响一个高校的发展,从高校的财务管理水平就基本上可以看出其整体管理水平和发展状况。在高校中,财务部门并不仅仅是职能部门,财务部门应该更积极地在高校中发挥自身的作用,积极地参与到高校发展的决策工作之中,并且随着市场经济的发展,财务部门在高校管理中的作用将会越来越大。在这样的背景下,高校财务工作者必须转变思路,尤其是财务管理工作领导者必须彻底摆脱沉于具体事务的狭隘意识,对于财务事务处理必须树立更广阔的视野,要以前瞻性的眼光看待财务管理。同时,财务工作者还应该不断提升自身决策能力,通过加强财务人员培养促进高校财务管理的发展。

3.增强知识涵养

经济社会发展带来了社会经济结构的深刻变革,随着社会发展不断有新的产业和行业涌现出来,传统行业也在这样的背景下升级和转型。同时,社会事业在这样的背景下不断更新和发展,而财务工作的内容也在这个过程中不断丰富和扩展。财务人员需要认清发展形势,通过不断认识、学习和掌握新知识、新技术的方式,提高自己的能力,以便不被时代淘汰,并以此为基础促进经济增长和各项事业的发展。随着经济发展和管理学科研究的不断深化,财务核算也相应地发生了变化,财务核算的规则和方法相较于之前已经更新,并且这种变化还将持续下去。而这无疑对财务人员提出了更高的要求,财务人员必须打破僵化的思维模式,通过学习掌握新的财务核算规则和管理方法,要不断更新理念和技能,只有这样才能保证自身在财务管理工作中充分发挥作用,才能保证财务管理的科学性、准确性。

三、高校财务管理创新引入现代企业财务管理的必要性

(一)现代企业财务管理与高校财务管理的比较

1.管理个性的差异

高校属于公共部门,现代企业属于私人部门,这就导致二者在财务管理个性上必然存在一定区别。具体来说,这些区别主要表现在以下两个方面。第一,企业与高校有不同的管理目标或使命。企业管理的目标是获利,只有这样它才可以在市场竞争中生存和发展,因此对于企业来说,其现实目标是追求利润最大化。高校与现代企业不同,它是非营利性事业组织,高校管理是为了节约办学成本,实现资金作用的效益最大化。我国公立高校仅对学生收取低于成本的学费,以此保证教育公平。由于高校具有公益性,这部分费用无法得到补偿,因此高校更重视社会效益评价,管理目标难以完全量化。第二,企业与高校具有不同的管理责任机制。企业发展是以市场为导向的,因此在责、权、利的划分方面比较清晰,并且企业内部具有比较完善的激励、约束机制。高校与企业不同,作为公益组织的高校更注重责任和服务,因此在高校内部更注重建立和完善监督约束机制,以此保证服务的有效落实。

2.管理环节的差异

虽然高校属于公共部门,现代企业属于私人部门,但从整体上看二者在财务管理方面的环节基本一致,都包括以下五个环节:财务预测、财务决策、财务预算、财务控制、财务分析。但是二者在各个环节采取的技术手段存在一定差异,这也是由二者自身特性决定的,因此将现代企业财务管理融入高校财务管理的过程中,要把握这种管理手段上的差异。

3.管理内容的差异

（1）高校财务管理的内容和方法。

开展高校财务管理活动,要求高校按照规定通过多种渠道筹集事业资金,科学合理地编制学校预算并在实践中落实预算计划,同时还要对预算执行的全过程进行科学有效的控制和管理;高校要根据实际需要合理配置学校资源并不断优化,尽可能做到资源的节约利用,通过有效手段提高资金使用效益;高校需要进一步加强资产管理,建立健全财务规章制度,充分发挥制度的作用,使高校经济活动有序运行;财务管理还要求相关部门必须如实反映学校财务状况;要加强对高校经济活动的监督,以此保证资金使用的合理、合法。

（2）企业财务管理的内容和方法。

企业财务管理是企业在生产过程中针对客观存在的财务活动和财务关系而产生的,企业需要通过财务管理组织财务活动、处理自身的财务关系,这是保证企业健康运行的必要手段。企业要处理与政府之间的、与投资者之间的、与债权人之间的、与债务人之间的、企业各部门各单位之间的、与职工之间的等众多的财务关系。从本质上来看,企业财务管理就是对资金运动进行管理,对资金运作过程中产生的各种关系进行管理。

（二）高校财务管理引入现代企业财务管理的重要意义

1.有利于提高高校资产真实性

引入资金的时间价值概念,加强项目核算,对引资成本较高的固定资产项目,反映资产的真实价值,反映高校真正的运作成本,反映学校真实资产。

2.有利于建立高校财务预算体系

高校财务预算通常只是进行财务经费的简单归集,并不像企业那样进行全面预算,因此高校编制的财务预算可行性较低,执行效果也并不理想。同时《高等学校财务制度》的预算编制方法还在很大程度上制约了高校财务预算的编制,导致预算不能真正反映后继年度的资金使用情况和需求情况。编制缺乏科学性直接影响了预算执行和会计核算,就我国高校财务报表编制现状来说,缺乏可行性是一个普遍存在的问题。很多高校在编制财务预算时,没有实现收集、统计和分析相关数据,没有进行充分的可行性论证,这是预算编制缺乏可行性的重要原因,最后就导致预算执行的效果极差。对于高校财务预算来说,应该适当地引入企业财务管理手段,以此提高高校财务预算的科学性,促使高校建立健全适应高校发展要求的财务预算体系。加强财务管理手段创新,利用具有先进性、时代性和技术性的财务管理手段开展高校财务管理活动,建立健全高校财务分析体系。在传统高校财务分析中,主要采用定量分析方法,而通过对影响高校收支的主要因素进行科学分析,可以弥补定量分析的不足,从而提高财务分析的真实性、客观性,以此为基础可以促进高校实现持续发展的目标。

3.有利于提高高校财务分析质量

当前我国高校财务分析主要是进行量化分析,重视财务总体"量"的财务分析,包括年度收入、年度支出、支出经费比重、收入预算完成情况等,而缺乏对于高校财务的"质"的分析,如影响学校收入变化的主要影响因素、支出结构的合理性、财务配置的科学性等。高校开展财务管理活动,其中一项重要的内容就是财务分析,高校必须建立健全财务分析体系,至于这样才可以科学客观地分析高校财务状况,才可以为高校科学管理提供可靠的依据。当前我国已经进入知识经济时代,在市场经济的推动下高校投资主体也呈现出多元化特征,因此高校必须加强财务分析,只有这样才能有效地降低办学成本,提高资金使用效益。

4.有利于建立高校资金业绩考核体制

由于高校教育的特殊性,高校绩效考评主要体现为人才培养和社会价值,而这些恰恰是难以直接观察到的。而所有者(国家)的管理缺位,使高校基本上没有工作业绩考核。高校教育的社会价值是无形的,因此高校业绩考评显得无所适从,特别是资金使用层面的考核体系至今尚未完成,以至于大量高校资金悄然流失,这就需要运用企业财务管理手段来逐步实现考评体系的建立,从而保证资金的有效运用。

第二章　高校财务成本管理

高校要进行教育成本核算和计量工作,构建教育成本管理运行体系十分必要。通过成本管理,高校不仅可以有效地挖掘内部潜力、优化资源配置,还可以降低成本、提高效益,从而增强高校核心竞争力。建立高等教育成本控制机制,尤其是探讨在高校经营下的成本控制与成本控制的基本规范,对于高校管理的意义深远。高校成本管理的目的有三个:一是选择成本效益管理基本路径;二是走出财务困境;三是构建地方高校成本效益管理新模式。

第一节　高校财务成本核算

成本核算是成本控制的基础,是实现成本补偿、促进成本分担比例科学合理的先决条件,也是高等教育各投资主体了解投资效益的重要途径。由于教育是一种公共产品,教育产品的效益具有间接性、隐含性、社会性等特点,教育投入不能简单地从教育活动中直接取得,教育成本也不能直接得以补偿。因而,作为非营利组织的高校,既不需要计算盈亏,也不需要核算教育成本。高校的这一特性使得教育成本核算理论与实践的发展受到了很大限制。如前所述,高校教育成本核算一直停留在理论探讨阶段,实践应用极少。但是随着环境的变化,教育制度的变迁,教育观念的改变,包括高校管理者在内的各教育投资主体对成本信息的了解有了前所未有的需求,他们需要更科学、更准确、更相关的成本信息。为了满足人们对成本信息的需求,高校财务必须由不提供成本信息转变到提供科学而准确的成本信息,这就需要运用科学合理的成本核算计量技术方法。因此,本章将重点讨论高校成本核算的基本原则与技术方法。

一、教育成本概述

(一)教育成本的内涵

人们要达到一定的目的或者进行生产经营活动,就必须拥有、配备并消耗一定的资源,这些资源包括人力、物力和财力等,这就需要人们对这一耗费过程进行统计、计算和分析。"成本"一词是经济学的重要概念,最早从经济学的角度对成本本质进行阐述的是马克思。他指出,成本的本质是生产商品或服务所消耗的生产要素的价值,商品成本价格是商品价值中补偿所消耗的生产资料的价格和所使用的劳动力价格的那部分价值。由以上表述可知,成本是在生产和经营的各项经济活动过程中发生的,它是商品价值的组成部分,它是为达到特定目的而耗费或放弃的人力、物力和财力资源的货币表现及其对象化。成本是商品价值的重要组成部分,是生产经营活动中耗费的各项资源的综合表现,同时成本可以反映一个单位经济活动的效益。成本可以分为直接成本和间接成本,直接成本可以与特定的对象联系起来,可以进行成本追溯,即将直接成本分派到特定的对象的过程;间接成本是指与特定成本对象相关联,但不能以特定经济对象进行成本追溯,只能在相关成本对象间进行成本分配。

教育是一种特殊的经济活动。随着西方教育经济学研究的不断深入,教育成本的概念在 20 世纪 50 年代末 60 年代初产生。英国教育经济学家约翰·希恩指出:"教育部门,同其他经济部门一样,要使用一部分宝贵资源。这些资源如不用于教育部门,就可以用于别的部门。"美国著名经济学家舒尔茨认为:"学校可以视为专门生产学历的厂家,教育机构(包括各种学校在内)可以视为一种工业部门。"这些论述无疑是经济生产中的成本理念运用于教育领域的坚实理论基础。因此,西方教育经济学者把教育成本视为生产教育产品所投入的资源价值。教育成本是教育经济学的一个重要组成部分。人们对教育成本的概念表达各不相同,但在本质内涵上基本达成了共识,即教育成本的实质是教育资源耗费的价值表现,也可以称之为"教育活动所耗费的物化活动和活劳动的总和"。它包括以货币形式实际支出的教育资源价值,同时也包括这些资源因用于教育而损失的非教育用途所取得的经济价值即机会成本。根据教育成本的本质可以知道,高等教育成本有广义和狭义之分。

广义的高等教育成本是指培养一位高等学校学生,国家、社会和家庭在一定时期(一年或一个周期)内所耗费的全部费用,包括学校用于培养高等学校学生所支出的费用,即包括教学支出、教学辅助支出、后勤维护支出等;学校因培养学生占用资源用于非教学的机会成本;学生及学生家庭用于学生的学杂费、学费、学习期间的食宿费、交通费、学习用品等所支付的费用;学生个人因受教育而放弃的收入(机会成本),学生因接受高等教育而不参加生产劳动,个人就业时间缩短而减少的那部分收入;社会损失的劳动生产力和国民收入。

狭义的高等教育成本仅指高等学校或其他高等教育机构在一定时期内用于培养学生所耗费的可以用货币计量的教育资源的价值,它不包括社会和个人投资于高等教育而丧失的机会成本。这里所说的狭义高等教育成本也就是高等学校教育成本。由此可以看出,高等学校教育成本是高等教育成本中的一个子概念。

教育活动是一种特殊产品的生产过程和资源耗费过程,教育活动生产出来的"商品"的特点决定了教育成本的特殊性。教育成本与企业的产品生产成本概念有着明显差异,具有特殊的内涵。

(二)教育成本的构成

教育成本就经济方面来讲,指的是高校在培育学生的过程中所花费的成本,其中既包括物质劳动,也包括人力劳动,其直接表现是政府及学生家庭在学生的学习过程中所花费的资金。不过,并非全部花费于学校的资金全部属于教育成本。而是只有直接用来教育学生的资金、能够用货币计量的形式计算的资金,才属于教育成本。一般来说,教育成本可以分为三个部分。

(1)培养成本,指的是高校在培育学生的过程中所耗费的所有资金及资源。

(2)增量成本,指的是学生因为到高校就读而造成的生活费用的增加部分。

(3)机会成本,指的是学生由于在高校接受教育而延迟进入社会工作的时间所造成的机会成本。

(三)支出、费用与成本的区别

1.办学支出和办学费用

在我国高校财务中,办学支出一般指高校在人才培养过程中为获得另一项资产、为清偿债务所发生的耗费资产的流出。就某一会计期间而言,办学支出可以是现金支出,也可以是非现金支出。就长期而言,所有办学支出最终由现金支出来实现。在高校财务中,办学支出仍比办学费用所包含的范围要广泛。只有那些在学校教育教学活动中为培养高素质人才而发生的各种支出,才是费用;而其他原因发生的支出,如偿还借款、支付应付账款、为购买固定资产而支付的款项等,都与培养人才无关,都不能构成学校的办学费用,并不是所有的办学支出在一发生时就是办学费用,但是办学支出或早或迟最终都转化为办学费用。

一般来说,高校的办学费用按经济用途可分为应计入培养成本、科研成本的费用和不应计入培养成本、科研成本的费用。其中，前者又可分为直接费用和间接费用，后者可分为管理费用、财务费用和营业费用（即组成期间费用）。按照经济内容可分为劳动对象方面的费用、劳动手段方面的费用和生活劳动方面的费用。

2.办学费用和办学成本

办学成本是指对象化的费用。例如，高校教育成本，指的是高校为培养人才而耗费的资金，是根据人才培养层次等成本计算对象对当期发生的费用进行归集而形成的。办学费用指的是高校所耗费的资金，计算结果和特定的会计期间有关系，而无关乎高校培养的学生层次。因此，在高校会计工作中，办学成本的含义和一般意义上的成本一致，即一种为特定目的而发生的耗费。

综上可知，在我国高校财务中，办学费用的内涵比办学成本的内涵要深。这里可以把办学成本理解为办学费用的一部分，但是在实际应用中，二者又是平行的，可以相互转化。在办学支出、办学费用和办学成本中，只有费用构成一项会计要素或会计报表要素，且和收入相对应而存在；只有办学成本能被当作一种计量费用的手段，而办学支出、办学费用则不能。

从确认角度来看，办学支出的确认较简单，一般只要流出或发生了，即可确认某项支出。办学费用的实质是资产的耗费，但并不是所有的资产耗费都是办学费用。在高校财务中，教育成本的确认过程即一定时期办学费用归集和分配的过程，即从办学费用对象到某一人才的过程。一定时期所发生的办学费用构成了办学成本的基础。在高校财务管理中，办学成本较为宽广，其确认要依其专门界定，某一项成本总是有专门的界定或确指，如固定成本、沉没成本、机会成本等，现代成本管理还引入了作业成本等。

（四）教育成本的特征

1.教育成本补偿的间接性

企业在计算产品价值时，将其成本计为原材料、技术及人力成本的总和。当企业将产品成功销售到消费者或经销商手里之后，其获取的销售收入减去产品成本，剩余的资金即企业生产该产品所获得的利润。所以，物质产品的成本能够通过将其销售往市场而得到补偿。而相比于物质产品，教育成本的补偿则因其自身的公共性要间接得多。学生接受教育给高校缴纳的学费只占高校教育成本的一部分，不足以补偿高校在培育学生方面的全部成本。教育成本的补偿并非实时发生，而是要在学生学有所成踏入社会之后，通过参加工作而进行补偿。所以，高校教育成本一方面不能由提高学费的方式得到补偿，另一方面也不能通过"出卖"毕业生的方式收回。因此，高校教育成本要政府通过拨款的形式给予一定的补偿。

2. 教育成本水平的限定性

在激烈的行业竞争中，企业为了取得竞争优势，会尽量将同类产品的成本压低。高等教育输往社会之中的"产品"是有独立思想与人格的"人才"，教育的目是培养人，为人才输入专业的知识与技能，以及道德素养，这使得高等教育与企业生产之间出现了本质上的不同。相比于企业生产商品一味追求经济利益的目的相比，高校在教育上还要追求教育最终能够实现的社会溢出效应。因此，教育成本具有一定的限定性，不是越低越好，而是有一定的区间限制，采取企业单纯追求产品成本降低的做法是不合适的。高校教育成本过高，意味着高校在开展教育的过程中可能有一些资金浪费的情况，不利于高校未来长远的发展；高校教育成本过低，意味着教育资金不足或紧张，可能会在一定程度上降低高校的教育质量，最终影响高校的口碑与形象。

3. 单位教育成本的递增性

企业在生产产品的过程中，伴随着生产技术的进步与管理水平的提高，单位产品的生产成本会逐渐降低。与之相反，高校教育成本会一直处于上升的趋势。造成上述问题的原因是多方面的,但主要是受资金来源,人才培养质量要求、现代科技运用等因素影响。与企业追求单位产品成本最小化不同,高校在开展教育的过程中不能单纯地把降低成本当成最终追求。与之相反,适当增加教育成本才能保证教学质量与教育水平的不断提升。教育专家霍华德·R·鲍恩分析并归纳了高校费用的规律,也就是高校为了追求更加卓越的教学成绩、更加良好的口碑、更加深远的教育影响,其需要不可计数的资金,资金越高越接近高校的目标,否则永远不能满足其目标。

4.教育成本效益的长期性和成本补偿的间接性

中国有句古话叫"十年树木,百年树人",这句话反映了高校资金投入与耗费不能立见功效的特点。教育周期的长期性决定了教育成本时间的不配合性,即教育投资效益的迟效性和长效性。学生毕业踏入社会工作之后,才能发挥出高校教育的最终效益,而这一过程也需要经历很长一段时间。一般学生工作10—15年之后,才能充分发挥出在高校所接受的教育的效能。与教育相比,企业生产物质产品的成本,在相对较短的时间内就可以实现效益。根据相关统计结果,教育经济学家得出,教育成本回收时间相对较长,并且补偿具有间接性,然而相比于企业产品,教育投资却能获得较大的效益,以及最终取得加倍的补偿,并且教育投资所产生的效益具有持续而稳定的特征。

5.教育成本性质的特殊性

由于高等教育资源共享程度高,投入具有综合性,因此需要的直接费用较少,却需要较多的间接费用。企业生产物质产品时,其成本基本是可以直接计算的。而高校教育成本则不同,教育活动协作性强,各项教育资源的共享度高。由于共同性费用多,使高校教育成本的核算复杂化,分配方法的选择,分配标准的确定都会影响成本核算的准确性。

6.教育成本确认的困难性

教育成本确认的困难性主要表现在两个方面:一是高校教育成本范围的界定未能统一,高校教育成本中究竟哪些费用支出应该包含在费用成本中,哪些支出不应包含在成本费用中,学术界没有达成共识;二是一些计入高校教育成本的费用支出金额存在不确定性。高校教育成本中所包含的项目,大部分能界定出准确的数额,但有一部分费用支出要准确界定是相当困难的。例如,高校的科研具有双重功能,既是为培养学生而进行的必要研究,也是为社会研究应用型问题所进行的科研,其成本支出与培养学生相关性较小。教育成本中所含的科研支出比例应根据实际工作中出现的具体问题展开研究。

二、高校教育成本的核算和计量

(一)高等教育成本的核算

1.高等教育成本核算的含义

高等教育成本核算就是利用一定的技术手段和方法,对高等教育运行过程中各种费用的发生和成本的形成进行核算,以此确定在人才培养过程中用于一定人才对象的劳动价值耗费的总和。高等教育成本核算包括两个基本环节:一是按照规定的成本开支范围,对各项费用进行汇集,计算出为培养学生而支付的实际发生额;二是根据成本核算对象,采用适当的方法计算出高校教育总成本和生均教育成本。

高校教育本身是一项产业运作,因此必然要进行成本核算,这是高校在政府及市场双重作用下不可避免的一环。因为高校自身的产业经济属性,因此为了实现更好的运营与管理,高校应该在教育活动开展过程中引入经营管理理念,效仿企业经营过程,深入地分析市场、投入产出、成本核算与补偿等,以此来推动高校不断地提升管理效益。高校作为以人才培养为中心的事业单位,与企业生产产品的过程存在一定的差异,然而两者的共同之处在于同样存在投入和产出,需要消耗大量资源。因而,在市场经济条件下进行高校教育成本核算,对微观办学和宏观教育管理都具有十分重要的意义。

2.高等教育成本核算的基础

高等教育成本核算的基础是指通过会计核算方法来计算成本所采用的记账基础。会计核算基础具体有四种,即完全的应收制、修正的应收制、完全的实收制和修正的实收制。从我国目前高校的实际情况来看,以修正的实收制为核算基础较适宜。

高等教育的根本目的并非盈利,而是为社会培养并输送大量的高素质、专业技能较强的人才,其运作与管理过程中所需的资金离不开政府的补助与支持。要准确地掌握部门预算的实际去向,了解教育经费的使用明细,需要通过高校会计核算来得出结果。所以,高等学校当前采用的是会计核算收付实现制,在会计科目的设置上与政府预算收支科目保持一定的对应关系,与我国公共财政预算管理制度相适应,可以准确真实地反映出预算的使用情况,便于高校领导与相关监督人员查看。要进行教育成本核算,就必须按权责发生制原则,设置成本费用归集分配的会计科目,进行教育费用的归集与分配。为了既能在会计核算中反映国家预算教育经费支出,满足国家教育经费统计需要,又能在现行的会计核算体系下进行成本核算,满足高校内部管理和外部使用者的需要,比较可行的是:改革现行的完全的收付实现制为以收付实现制为主,同时结合权责发生制,进行会计核算和教育成本核算。

3.高校教育成本核算的基本原则

教育成本核算就是利用一定的技术手段和方法对教育运行

过程中各种费用的发生和成本的形成进行核算,计算在人才培养过程中耗费于一定人才对象的劳动价值总和。高校教育成本核算就是针对高校教育成本,运用一定的技术手段和方法,对学生培养过程中发生的各种耗费和实支成本进行核算,以期为相关部门和社会提供翔实、准确的成本信息。高等学校会计与其他单位会计一样,都是在会计基本前提下运行的。我国《企业会计准则》《事业单位会计准则》明确规定会计主体、持续经营、会计分期和记账本位币是我国会计核算的基本前提。会计主体规范会计核算的空间范围,会计分期规范会计核算的时间界限,持续经营和货币计量规范会计核算的方法和手段。教育成本核算同样受上述四个会计基本前提的制约。[①] 高校教育成本核算的基本原则是在以上会计前提之下所要遵循的基本会计准则。《高等学校财务制度》第六十一条规定:"高等学校应当正确归集实际发生的各项费用;不能直接归集的,应当按照一定的原则和标准合理分摊。"为了确保高校教育成本核算的质量,除必须符合成本核算的一般原则外,高校教育成本核算还需遵循以下几个原则:权责发生制原则,划分收益性支出和资本性支出原则、划分日常支出和专项支出原则、成本和收益配比原则、分类核算原则、历史成本原则、成本相关性原则、成本效益与可操作性原则。

(1)权责发生制原则。

教育成本是与教育支出对应的一个概念。教育成本是以权责发生制会计为核算基础,教育支出以收付实现制为核算基础。教育成本核算是学校会计核算的一部分,它受学校所处社会经济环境的制约,要求遵循会计核算的共同要求。传统上我国高校实行收付实现制会计准则,因而无法产生真正意义上的教育成本。由于现行的高校会计核算原则是以收付实现制为主,所以记录的各种耗费主要是实际支付的现金"支出",而"支出"并不等于"成本"。由于收付实现制和权责发生制之间的差别,教育支出和教

---

① 于敏.高等学校教育成本核算体系构建研究[J].南京财经大学学报,2005(02):70-72+109.

育成本之间存在着许多需要调整的项目,如教育活动中的设备购置费、修缮费、借款利息费等未包括在"事业支出",但属于教育成本的项目,如累计折旧、无形资产摊销、预提费用与待摊费用、长期待摊费用、资产减值准备金等。显然,收付实现制不能准确反映当期的实际收入、费用和成本,因为高等学校与企业一样,在学生培养期间,高等学校经费投入与学生培养进度往往不同步。一般情况下,投入在先,培养在后,如教学仪器设备、图书、房屋建筑物等在一定时期内均为一次性投入,这些投入可以培养很多届学生,因此投入的一次性费用应按照比例分期计入当期和以后各期的教育成本。所以必须改变按权责发生制为基础,以正确计算教育成本。2004年8月《民间非营利组织会计制度》的颁布与实施,标志着民营学校在2005年执行新的会计制度。现行《高等学校会计制度》规定:"高等学校会计核算改为权责发生制为时不远。"①

权责发生制原则是指会计主体收入和费用成本的确认,均以权利已形成和责任义务已发生为标准,即收入和费用不是以是否在该期间内实际收到或付出为标志,而是以取得收款的权利和形成付款的责任来确定。也就是说,凡是当期已经发生支出及应当负担的费用,无论款项是否支付,都应当作为当期的教育支出;凡是不属于当期的教育支出,即使款项已在当期支付,也不应当作为当期的教育支出。在高校财务实务中,财务事项的发生时期与货币支付时间并不一定完全一致,为了更加客观公允地反映特定时间的成本信息,高校教育成本核算时应采用权责发生制。学校采用权责发生制原则核算教育成本时,对于与学生培养有关的直接费用支出应该全部计入培养成本,但对于固定资产的支出因为受益期不但包括本期而且包括以后各期,所以应按受益期分期负担,不能全部列入本期成本,本期只能负担通过计算应由本期负担的固定资产折旧部分。权责发生制实现了本期收入和成本的

---

① 宗文龙.高等教育成本核算与控制研究——作业成本法视角[M].北京:中国财政经济出版社,2006,第136页.

配比,有利于考察管理效果。权责发生制也避免了收付实现制所导致的"资产不实"问题,如在学校的筹资活动中形成的利息,只有在支付时才形成支出,未支付时就形成"隐形债务",使各个会计期间的教育成本没有可比性,同时造成资金运动的虚假平衡。总之,在高等教育成本核算中应以高等学校按照收付实现制提供的会计基础信息为依据,按照权责发生制原则对资本性支出进行调整,以取得合理的成本信息。①

(2)划分收益性支出与资本性支出原则。

资本性支出是指支出效益超过一年以上的各项支出,应跨年度进行摊销的项目,如固定资产投资发生的支出;收益性支出是指某项支出的发生只是为了取得本期收益,应在当年计入成本费用的项目。划分收益性支出与资本性支出的原则是指在会计核算中应合理划分是收益性支出还是资本性支出,其重要意义在于正确区分哪些支出应计入当期费用,哪些支出不能计入当期费用,有助于合理确认当期应分担的成本。凡是支出的效益仅与本会计年度相关的,应当作为收益性支出,计入本会计年度的费用成本;凡是支出的效益与几个会计年度相关的,应当作为资本性支出,并在产生效益的几个会计年度内均衡摊销,分别计入某个年度的费用成本。资本性支出的效益要惠及几个会计期间,收益性支出的效益仅限于当期。一般来说,教师工资、办公费用等都是收益性支出;而大型设备的购置、房屋设施的建设费、图书资料的采购支出等都是资本性支出。不区分资本性支出与收益性支出会导致教育成本波动大,如我国高校目前将设备采购费用当作当期费用,房屋设备不提取折旧,资金贷款也作为发生期间的费用,这些都会使某个期间的教育成本偏大或偏小。② 这些严重影响了教育成本核算的真实性和公允性,因此在进行成本核算时应

---

① 林钢,武雷,宋亨君等.高等教育成本研究[M].北京:中国人民大学出版社,2008,第27页.

② 宗文龙.高等教育成本核算与控制研究——作业成本法视角[M].北京:中国财政经济出版社,2006,第97页.

当遵循划分收益性支出与资本性支出原则。

（3）划分日常支出与专项支出原则。

专项支出是指学校取得的具有专门用途的资金。专项资金类似于国外高校会计中的"基金"，用途有特殊规定，单报预算和经费决算，并且预算实施有时间限制。专项支出款项遵循"统一规划、分类指导、单独核算、专款专用、结余留用"原则，如"985专项""211专项""面向21世纪教育振兴行动计划特殊专项"等。日常开支是指高等学校用于培养学生、科学研究和相关服务机构正常运转的基本支出。高等学校教育成本核算主要是日常支出，表现为工资、办公经费等费用。《事业单位会计准则》规定："对于国家指定用途的资金，应当按规定的用途使用，并单独核算。"专款专用支出原则的实行可以有效地保证国家宏观调控政策的实施，防止资源浪费、挪用，提高资源使用效率。当然在专项资金支出过程，要贯彻执行"收支两条线"规定，确保运行规范有序。

（4）成本与收益配比原则。

成本与收益配比原则是指在将来的某一会计期间内收益与相关的成本应当配比，包括三层含义。一是因果配比，即收益与对应的成本相配比。二是时间配比，即将一定时期的收益与同时期的成本相配比。三是对象配比，即成本在各个收益对象之间的配比。根据收益与成本之间的关系，配比方式有直接配比、间接配比和期间配比三种。凡是与各项收入有直接联系的费用、支出，如材料费、人工费，都可以作为直接配比的项目直接处理；对与收入没有直接联系的间接费用，则按一定的标准分摊，确定为某类收入的费用；而对会计期间发生的管理费用，则应采用期间配比的方式，作为期间费用直接列入当期的支出。教育成本核算原则主要是指受益对象的配比，是指不同专业学生在接受教育服务过程中的教育成本配比。也就是说，教育成本分担应该执行"谁受益，谁付费"原则。会计配比原则与权责发生制原则相辅相成，即会计基础采用权责发生制的单位，支出与相关的收入应当相互配比。在配比原则下,将会发生待摊费用和预提费用等核算内容。

(5)分类核算原则。

由于高等学校有哲学、经济学、法学、教育学、文学、历史学、理学、工学、农学、医学、艺术学等大学科门类,每个学科类别又有博士生、硕士生、本科生、专科生等不同层次,高等学校向不同学科类别、不同层次学生提供的教育服务是不同的,由此而产生的教育成本也不尽相同。因此,为了准确核算教育成本,高等学校应视不同学科类别、不同专业以及不同层次的学生为不同的教育服务对象,分别设置教育成本明细账,将高等学校在一定期间内提供教育服务过程中耗费的全部教育资源价值进行归集和分配,计算出每一个学生接受一定期间的教育服务而形成的教育成本。[①] 同时对于不同科类的高校也必须利用同样的教育成本核算方式,把高校提供教育过程中所消耗的资源进行归集和分配,从而计算出可比高校教育成本,达到统一口径,可以横向比较的目的。

(6)历史成本原则。

历史成本是指学校的各项财产物资应当按取得的实际成本进行计价,即应根据取得各项财产物资时的价值为基础,采用一定的方法计入教育成本中。因为物价变动时不能真正反映资产的现值,存在一定的局限性,因而历史成本原则可保证成本的真实性和可比性,取得也比较容易。按照该原则,学校不能自行调整资产的账面价值。坚持历史成本原则可以使不同时期的教育成本信息可比,但从经济学角度来看,历史成本原则无法反映资产实际增值情况,这可能导致计算出的教育成本与实际不符。

(7)成本相关性原则。

相关性原则包括成本信息的有用性和及时性。有用性是指成本核算要为管理者提供有用的信息,为成本管理、预测和决策

---

① 于敏.高等学校教育成本核算体系构建研究[J].南京财经大学学报,2005(02):70-72+109.

服务。及时性则强调信息取得的时间性。及时的信息反馈,可及时地采取措施,改进工作。高校成本核算划分相关性原则的主要目的就是要区分与教育成本核算有关的费用,凡是与培养学生有关的费用就纳入教育成本核算范围,与培养学生无关的费用就不能纳入教育成本核算的范围。由于当前高等学校的经济活动比较复杂,正确划分哪些与教育成本有关、哪些与教育成本无关的开支范围,对于正确地计算教育成本具有非常重要的意义。

(8)成本效益与可操作性原则。

成本核算的效益原则具有两层含义,从高等教育本身来说,高等教育不但要重视经济效益,而且要重视社会效益。高等教育成本控制和核算绝不是消极的制约和监督,而是要对高校办学行为进行积极指导和协调。一方面,高等学校要尽可能地减少各种不必要的消耗;另一方面,高校要在保障质量的前提下,积极进行价值工程分析,挖掘高校潜力,减少投入成本,寻求高校经济效益和社会效益双提高。从高校教育成本核算工作本身来说,成本效益原则是指高校设计的核算方法要尽量简洁实用,尽量减少教育管理成本,因为只有效益大于成本,才是科学的选择,才符合管理的根本目的。取得高校教育成本信息是需要付出一定代价的,如果教育成本信息的价值小于为此付出的成本,那么构建的教育成本核算体系是没有价值的。可操作性原则要求在构建教育成本核算体系时不能仅从理论上的最优化出发,而应考虑实践上的可操作性。如果构建的高校教育成本核算体系不具有实践上的可操作性,甚至操作过程比较复杂,困难较大,不易推行,那么构建的高校教育成本核算体系就不具有应用价值。如无形资产的分摊与教育成本核算有关,但又不能全部纳入核算的费用,就必须采取可操作性方法进行确定以便合理地分摊教育成本。

4.高等教育成本核算的基本内容

高校经费支出并非都属于教育成本核算的范畴。教育成本核算不同于一般的成本核算,也不同于高校的日常收支核算。因为高校的教育经费支出并不都是用于教育培养,如不承担教育教学任务的离退休人员的工资和其他费用等支出,原则上应计入教育成本。

(1)确定教育成本核算对象。确定教育成本核算对象就是反映归集费用的对象。教育资源耗费的受益者应当就是成本归属的对象。

(2)确定教育成本核算期限。成本核算期限应与"产品"的生产周期一致。由于高校的主导"产品"的生产周期即人才培养周期是以学制来确定的,所以人才培养成本的核算期限理应就是学制年限。考虑到人才培养的周期一般较长,以此作为人才培养的唯一成本核算期限又不利于及时加强成本控制。因此,结合高校学期、学年活动规律性较强的特点,以学期或学年为成本核算期限比较合适。

(3)确定教育成本开支范围。教育成本核算的过程,实际上就是费用的归集和分配的过程。为了正确归集和分配各种费用,应根据权责发生制和"谁受益谁负担"的原则,正确划分费用的归属期,由受益期的各受益对象合理负担。凡是由本期成本负担的费用,即使已经支付,也不能计入本期成本;各成本对象之间的费用管理应按成本受益原则来划分,按各个成本对象有无受益和受益程度来分摊。受益者分担成本,未受益者不分担成本,收益多少分担多少。具体来说,要划分以下四种费用界限。

①划清各种费用界限,确定成本开支范围。组织教育成本核算,首先要根据教育成本内涵,确定高校发生的各项开支是否属于教育费用,应不应该计入教育成本。

②划分收益性支出和资本性支出的费用界限。在高校的支出中,收益性支出是指在办学过程中发生的人员费用和公用费用等经常性项目的支出;资本性支出通常是为取得固定资产、无形资产等长期性资产而发生的支出。

③划分应计入和不应计入教育成本的费用界限。高校发生各项费用支出包括教学费用支出、科研支出和基建支出等。高校

投入的各种资源,只有用于培养学生所消耗的资源才能构成教育成本。

④划分应计人和不应计入本期教育成本的费用界限。按照权责发生制的要求,确定不同期间的费用。只有采用权责发生制才能严格划分经费发生的受益期间,按照"谁受益谁负担"的原则分摊费用,科学地计算高校人才培养成本。

⑤划分各成本对象之间的费用界限。为了正确计算各专业、各年级学生的教育成本,必须按照受益原则,把本期教育成本费用在各成本对象之间进行划分。

(4)登记教育成本费用明细账。计算各个教育成本对象的成本数额,必须通过费用成本的明细分类核算才能完成。因此,教育成本核算必须按规定的成本项目为各个成本计算对象开设有关的成本明细分类账户;应根据各种费用凭证,运用正确的会计科目和记账方法,将发生的各种费用正确地在各费用成本明细分类账户上进行记录,真实、全面地反映高校教育成本的耗费情况,以此计算各成本对象的成本数额。

(二)高等教育成本的计量

高等教育成本计量是提高经费办学效益的客观需要,也是不同成本核算对象公平分担成本的内在要求。通过高等教育成本的计量,可以为确定学费及财政补助标准提供主要的参考依据或方法。

1.高等教育成本计量的特点

高等教育成本计量具有模糊性,主要表现在以下四个方面。

(1)成本构成项目的模糊性。教育经费支出中有哪些项目归属成本范畴,学术界至今意见不一,尚无统一规定。

(2)成本计算数额的模糊性。因计量方法的不同或分配标准的不确定性,使得某些支出项目较难准确计算出应计入成本的金额。如高校科研具有服务教学和服务社会的双重功能,其中计入教学成本的金额需具体分析。

（3）成本标准的模糊性。由于培养合格人才的具体标准尚未统一，因此培养学生必须投入的软件和硬件设备没有统一要求，培养学生的成本标准与成本定额没有明确界限。

（4）共同费用分摊的模糊性。高等教育由于教育活动协作性强、教育资源共享程度高，支出中共同性费用较多，使教育成本的核算较物资生产企业更为复杂。如图书资料、体育设施等投入均属于共同性费用，科学合理的分摊方法直接影响到成本计算的准确性。

2.高等教育成本计量的方法

高等教育成本计量的方法一般有以下三种。

（1）统计调查法。统计调查方法就是利用现成的高校财务资料或抽样调查获得的资料，经过适当调整而获取高等教育成本数据的方法。在目前的教育成本研究中，所用的教育成本数据一般是用此方法得到的。

（2）会计调整法。虽然迄今为止还没有进行教育成本核算，但是各个高校都存在教育经费收支的会计记录。利用这些现存的会计记录，经过调整，可将教育经费支出数据转换成教育成本数据。这一方法与统计调查法有一定的相似之处。如果统计调查的基础数据是会计记录，且将统计调查数据调整成教育成本时依据了会计核算的成本计量原则，这两类方法得到的结果就基本一致。因此，在没有进行教育成本核算的情况下，又要得到比较系统、准确的教育成本数据，采用此方法比较适宜。

（3）会计核算方法。教育成本核算是利用会计系统，通过设置、登记账簿，记录教育资源的耗费，计算教育成本。只有会计系统的账簿记录，才能提供系统、准确的学校教育成本信息。因此，如果要系统、准确地计量教育成本，一般采用此方法。

3.我国高等教育成本计量的现状分析

（1）会计基础不同导致成本计量口径及方法不一致。首先，为区别资本性支出与收益性支出,大型设备购置费、基建(含大中型修缮工程)费不应该全部一次性计入当年成本,而应采取一定的折旧和摊销方法计入。其次,在收付实现制度下,离退休人员经费列入人员经费支出,但在计算教育成本时,一般认为,离退休经费支出不应计入高校学生培养成本,因为离退休人员与培养过程无关,反而在职人员的目前尚未发生的有关"五险一金"费用应该计入培养成本。随着新高校财务制度的出台,此问题将得到解决。

(2)经费支出的不同分类增加了成本计量的难度。经费支出按照支出用途而未按照支出方向进行核算,这不利于对成本计量对象进行归集和分配。例如,教师的科研经费计入学生培养成本的问题,对于高校来说,科研过程在很大程度上也是一个学生培养的过程。一般认为,教师的科研经费属于教育成本中的其他直接费用,科学研究使教师的水平不断提高,使教学方法、内容不断充实和更新,学生参与科研的过程也是进行研究训练和创新教育的过程。因此,无疑应该构成教育成本不可缺少的内容。但是,科研经费中的学生培养支出如何科学地分摊,势必增加成本计量的难度。

(3)不同层次、不同专业的学生人数折算标准不一。在目前的计算方法中,由于投入无法按照成本对象进行核算和归集,即无法分开核算专科生、本科生、研究生的培养成本,因此在计算生均成本时,分母采用折合标准本科生人数。这种折合方式有没有科学依据,如果没有依据,又没有更好的替代办法,这是亟待验证和解决的问题。

针对上述困难,我国并没有现成的教育成本核算资料,在实际工作中,往往是用现有教育经费统计资料和用相关统计资料估算高等教育成本。在分析高等教育成本时,都是直接用生均教育经费替代生均教育成本。这里要说明的是,利用教育经费统计资料和相关统计资料对教育成本进行估计是可行的,但毕竟是一种估算的成本,不能做到十分准确。从教育成本数据的质量要求看,它主要是为各级政府制定学费标准、拨款依据,为学生或家长了解教育成本,以及为学校内部成本控制提供信息。

三、新财务制度下高等教育成本的运行机制

高校教育成本核算的范围是一个交叉性的集合,一个多功能的整体和一个综合的系统。新财务制度下如何保障高等教育成本核算的有效运行,是一项复杂的系统工程。

(一)全面而深入地实施新的高校财务制度

近年来,社会各界对高校的财务会计信息的准确度和透明度要求很高,对与收费相关的生均培养成本的计算非常关注。高校财务管理实行基于权责发生制的成本核算和绩效评价,能够更准确、更全面地反映高校提供的教育服务所耗费的资源成本,更好地将投入与产出进行配比,对高校的财务状况和工作业绩的综合评价更准确、真实、客观。2013年1月1日施行的《高等学校财务制度》(以下称"新制度"),从权责发生制要求和便于成本核算的角度,增加了如下内容。

1.规定了费用的定义、计入方法及内容

费用是指高校在开展教学、科研及其他活动过程中发生的资产耗费和损失。界定费用概念是开展成本核算的基础。在权责发生制基础下,对不同类型的支出采取相应方式归集费用,是成本核算所必需的前提。高校的支出应当分为资本性支出和收益性支出。高校发生的收益性支出计入当期费用;发生的资本性支出以资产折耗的形式分期计入费用。资产折耗包括高校的固定资产折旧和无形资产摊销。

2.进一步明确了费用核算的方法和内容

成本计算的过程实际上是一个将费用归集和分配到成本对

象的过程。成本核算是指将高校业务活动中所发生的各种耗费按照核算对象进行归集和分配,计算出当期的总成本和单位成本。因此,费用归集后才能进行成本核算,而费用按其用途归集分为教育费用、科研费用、离退休费用、管理费用和其他费用。同时,将教学、科研的费用具体组成内容区分为人员费用、公用费用和资本折耗费用,将教学费用、教辅费用、学生事务费用均归并到教育费用。教育费用是指高等学校在教学、教辅、学生事务和其他教育活动中,发生的人员费用、公用费用和资本折耗费用。教育费用相当于人才培养成本的范畴。

3.其他间接费用的有关规定

(1)明确管理费用的组成,主要包括:高校行政管理部门发生人员经费、公用经费和资产折耗等费用,高校统一负担的工会经费、诉讼费、中介费、印花税、房产税和车船税等。将行政管理部门的费用和其他期间费用并入管理费用,有利于对管理费用的管理与控制。

(2)将"离退休费用"独立出来。离退休费用是指高等学校统一负担的离退休人员社会保障和福利待遇方面的各类费用。将其独立出来主要是考虑:高等学校是人力资本集中的地方,离退休人员费用比重较大且必须加以保证,如果将其归并到管理费用之中势必会加大管理费用的口径,不利于真实客观地反映管理费用。

(3)其他费用是指高校无法归属到上述费用中的其他各项费用,主要包括高校对附属单位的补助、上缴上级费用、财务费用、捐赠支出等。

(二)逐步建立全面成本管理体系

高校要像抓教学质量那样,推行全面成本管理,坚持专业管理和群众管理相结合的原则,形成全员抓成本管理的网络,使成本管理渗透到高校教育教学管理的各个方面、各个环节,真正形成人人关注成本、人人控制成本的新局面。

1. 成立专门机构,明确成本管理职责

高校财务部门应设立财务成本管理科或者成立高校教育成本管理中心,明确成本管理职责,定期向学校反映高校教育成本核算信息,为高校加强财务管理等提供准确的财务管理信息。从纵向上讲,要建立校、院、系三级核算体系,进而以院为基本核算单位,全面进行设备折旧、材料及低值易耗品摊销和成本费用的核算和管理。从横向上讲,就是要强化学校财务、财产、物资的管理,增强成本意识,制定配备标准。

2. 制定切实可行的全面成本管理方法

从成本管理的角度看,高校办学成本高、办学效益低的原因,除成本意识淡化外,主要是责任不清、措施不力、管理不严等。高校应针对这些问题,建立一套完整的成本管理保证体系,实现多层次的成本费用管理目标责任制,将成本费用目标层层分解、落实,建立横向分解落实到学校内部有关部门、纵向落实到教研室及教师个人的管理网络,并把成本管理目标责任制同经济责任制挂钩,贯彻责权利相结合的原则,把目标成本完成好坏与经济效益结合起来,奖优罚劣。

(三)建立各级财务成本管理的工作机制

虽然国家、各级教育主管部门和各级各类教育单位,都为提高教育经费使用效益提供了不少办法,做了不少工作,也开展了一些探讨,诸如教育规模效益、合并效益、经费支出绩效评价等,但是至今高校教育成本工作运行机制还没有真正形成。

1. 高校主管部门明确成本核算职责,加强对高校的指导

高校教育投资效益问题若不从规范成本、核算成本、降低成本入手,则好比"无本之木"和"无源之水"。因此,建议在高校主管部门内部建立高校教育成本核算工作机制。比如,在教育部财务司设立高校教育成本核算中心,各省(市)教育厅财务处明确专人负责高校教育成本核算工作。同时,指导高校开展成本管理。比如,可以通过实施高校教育成本核算试点工作,在试点的基础上将成功经验在全国高校内全面铺开,加快高校教育成本核算实践的发展步伐。

2.增设高校教育成本核算考核指标

在高校办学水平评估指标体系中,建议增设高校教育成本核算考核指标,加大指标权重,目的在于增强高校成本意识,促进高校财务管理科学化、规范化,并合理配置高校教育资源和提高办学效果。这对全面改善和加强高校管理,节约开支,防止或减少损失、浪费现象,从而提高学校发展能力有着积极的现实意义。

第二节 高校财务成本控制

高等教育成本管理是高校为了实现成本目标自觉地进行成本控制的活动和过程。其目的是控制教育成本,提高教育经费的效率,为多出人才、出好人才提供财务保障。教育成本管理是在学校经济运行过程中,通过对教育成本采取预测、计划、核算、控制和评估等一系列措施,以求达到用最合理的人力、物资、资金配置和耗费谋求最大社会效益和经济效益的一种管理方法。其中,成本控制是学校经济控制的基础,是现代成本管理的核心,应贯穿经济业务的全过程。在成本控制中,应以制度控制为切入点,以院、系或部门为成本责任中心,通过对责任中心可控成本全过程的约束、调节和及时修正,保证成本计划的完成。

一、高等教育成本控制概述

（一）高等教育成本控制的含义

"控制"一词，一般被人理解为掌握和限制。在管理学中，美国旧金山大学国际管理和行为学教授海因茨·韦里克认为，控制是对绩效进行衡量与矫正，以确保企业的目标以及为实现目标所制订的计划能够得以完成。在经济学中，我国学者陈元燮（1990）认为，控制是按照一定的条件和预订的目标，对一个过程或一系列事件施加影响，使其达到预订目标的一种有组织的行动，或者说，是指一个系统通过某种信息的传递、变换或处理，发出指令，调节另一个系统的行为，使其稳定地按照既订的轨道前进，以达到预订的目标。罗绍德（2005）把成本控制描述为"企业在生产经营过程中，按照既定的成本目标，对构成产品成本的一切生产成本和经营管理费用进行严格的计算、分析、调节和监督，及时发现实际成本、费用与目标的偏差，并采取有效措施，保证产品实际成本和经营管理费用被限制在预订的标准范围之内"的一种管理行为。

一般认为，高等教育成本控制可以理解为：高校管理者通过预算等手段对教育成本进行规划、调节，并使其实际按照预期的方向发展，以保证教学、科研和管理活动的正常进行，保障学生的切身经济利益的过程。如果教育成本控制得好，就可以使高校的每一分钱都物尽其用，使高校的资金运转井然有序、事半功倍。但如果对成本不加以控制，对预算不加分析，对浪费熟视无睹，对超支不加以干涉，势必造成资金的无序使用，使得成本效益低下，进而影响高等教育的健康发展。

（二）高等教育成本控制的内容

成本控制是一项系统工程。高等教育成本控制的内容大体分为以下三个部分。

（1）事前成本控制。事前成本控制也称"成本计划控制"，即科学地制订目标成本计划，力求对运行结果通过预算手段实行目标管理。成本计划的基础是成本预测，即根据学校的办学目标和实际条件及有关历史资料，采用科学的方法对各项目的成本进行预测，以此为编制成本计划提供依据。成本计划的主要内容实质上是人力、财力和物力的优化配置。

（2）事中成本控制。为确保目标的实现，在成本管理中还要重视教育运行过程中的成本控制，让成本管理渗透到每一个运行过程，即要做好事中成本控制。常用的方法：一是计划分解，也就是将成本控制的标准分解到各部门、岗位和各个阶段、环节，让部门领导和教职工都明确意义，并使成本管理与切身利益挂钩；二是事中分析，如日报、旬报及月报成本分析等；三是日常检查；四是日常信息沟通。

（3）事后成本控制。事后成本控制即通过成本会计核算对财务报表及其他渠道形成的信息，运用成本分析法，定期（一般是会计年度终了后）或定项（一般是项目验收交付后）进行综合分析、评价和考核，以总结经验、发现问题，并找出原因和提出控制措施。控制措施，主要是针对执行结果与计划的偏差提出的。根据偏差的大小和控制能力，控制措施常划分为两种：一种是通过改变预订目标来控制偏差；另一种是通过适当改变投入的标准、质量和数量，以及人、财、物、信息和系统结构等来提高系统控制力，使其尽快满足目标成本要求。

（三）高等教育成本控制的原则

（1）重人才培养质量。对高校实行成本控制，归根结底是为了将高校资金更加集中地用于人才的培养与教育方面。高等教育实施成本控制，不能舍本逐末，一味追求成本的紧缩而降低人才教育的数量与质量。相反地，高校要适当控制行政成本及其他额外费用，以将资金更加集中地用于提升教育教学质量，提升向社会输送人才的整体素质。这样才能真正实现教育成本控制的目的，才能保证高等教育中教育质量的不断提升。

（2）全面成本管理。要培养高校师生的成本节约意识，减少教育活动开展过程中不必要的开支与浪费，提升教育成本使用效益。这项活动不是某个部门、某个人需要注意的事情，而是关系到高等教育各个部门与全体人员的事情，只有提高每一个环节的成本效益，最终才能实现教育成本整体效益的提升。为了达到上述目的，高校应设立分级归口管理，安排专人负责各项目的成本管理，并按业务分类归口到有关职能部门，建立教育成本管理体系，推行教育成本管理责任制，从纵向和横向把好成本管理关，提高成本利用率。

（3）效益最优。高等教育成本控制必须坚持社会效益和经济效益相结合。由于教育的准公共产品的性质，很多人认为：高校所追求的效益应该仅仅是社会效益，如果高校只追求经济效益就会背离其性质，也会造成学生接受高等教育权利的不平等，造成高校的功利化倾向。而事实并非如此，高校也需要经济效益，但并不是要求高校要以营利为目的，而是希望高校以既定的投入发挥其最大的作用。在当今市场经济条件下，我国的高等教育发展也步入了大众化阶段，国家对高校的投资显得力不从心，高校的资金运转也显得捉襟见肘，为此有些高校不惜举债经营，加重了学校的财务风险。如果高校继续故步自封，那么高校的社会效益也将成为空谈。因此，高等教育成本控制，要从实现经济效益出发，最终实现高校社会效益的最优化，使我国高校实现可持续发展。

（4）例外管理。例外管理是西方国家的企业在管理控制中普遍采用的一种方法。高等教育成本控制要引入例外管理方法，使成本控制详略得当、有所侧重，应首先解决高等教育成本中的"例外"问题首先解决，如果事无巨细、按部就班，势必造成管理的低效率。高等教育成本控制中的"例外"问题主要包括以下四类：一是成本的实际花费与预算相差较大的事项；二是高校需要临时高数额支出的项目,如某些教学仪器的购买;三是与学校的办学质量紧密相关的一些事项,如教师的引进成本、新的学科方向的筹建成本;四是对于高校来说性质比较严重的事项,如对于高校的高学费问题的应对、对于高校高额贷款的处理等。

二、高等教育成本的考评及分析

(一)目标成本制度下的教育成本绩效考评

为了提高教育资源的利用效率,以最小的投入获取最大的产出,高校应当针对学校的特点,参考企业广泛实施的目标成本管理方法,制订出合理的成本控制制度。做好定期的成本绩效考核与评估,是现代成本控制的重要内容及主要环节之一。

1.岗位成本目标的制订

实施高等教育成本控制责任制,关键在于各岗位成本目标的制订。作为成本控制的努力方向和衡量实际资源消耗水平的依据,成本目标的制订要遵循常态性。所谓常态性,既包括只考虑正常条件制订成本目标,也包括目标一经制订就应保持其相对的稳定性。制订高校的成本目标的一般程序如下。

(1)测算全年可安排的教育经费来源即可支配经费财力。高校各项能够实现的、稳定的收入数据加总,测算本年度的学校总收入,扣除用于学校基建投资和其他与教育活动无关的研究、服务活动的开支,算出下一年能够用于教育活动的经费总额。

(2)测算全年目标成本总额。首先,高校按照确定的招生规模,计算出学校在校生总额。其次,在不计算专职研究人员、服务人员的条件下测算出生师比和教职工(不含离退休人员)报酬。最后,确定生均人员经费支出。同理,还可以测算出生均公务费支出、生均业务费支出、生均修缮费支出、生均折耗费支出等项目。

其中,对生均公务费的测算还需按以下两个步骤处理。

第一,依照往年的管理运行情况将生均公务费按某种比例细分为教学用生均公务费支出和管理用生均公务费支出。

第二,依照一定比例将管理用生均公务费支出分摊到各项教学服务活动中,由教学活动分摊到的生均公务费支出即为生均管理成本。

按照成本项目构成将以上项目加总后,即可测算生均教育成本和全校教育总成本。这里的全校教育总成本,如果超出全年可安排的教育活动经费总额,就依上述各生均经费指标下调。通过这样的方法,可测算出下年全校教育活动的目标成本总额,即下一年全校教育活动的成本上限。

(3)层层分解全年目标成本总额。具体有以下三层:首先,由学校根据预算等文件将下一年全校教育活动的成本总目标分解到各职能部门;其次,再由职能部门根据年度任务分解到各学院和全部门;最后,由学院具体分解到具体岗位,各个岗位依据所涉及的学生人数,并结合特定的误差修正值来确定具体的成本目标数额。

正如前述,由于高校教育成本计量的特性会导致制订目标成本比较困难,所以高校的成本总目标如何分解为各个岗位的成本目标,以及这种分解是否具有合理性都需要认真研究。在制订过程中,要注意以下两点。第一,在技术方法上只适合采用直接制订目标成本一种方法,而企业可采用直接制订和根据目标利润制订两种方法。第二,制订过程的专业性和群众性的有机结合。在参与的部门中,一般由财务部门牵头,教学、科研、人事等有关部门选派人员参与,而这些人员在业务上对教育成本比较熟悉。

2.教育成本控制绩效的考核与评估

成本考核是指定期对成本目标的实际完成情况进行测评和总结,以督促各岗位做好成本控制,提高目标成本控制水平。目标成本的考核必须与责任制结合起来,对成本考核的结果还应进行一定的分析、评估,以得出基本评价。一般认为,进行各岗位的绩效考核并不难,难的是经考核所得的绩效如何评价。这首先是因为考核的目的只是侧重降低成本水平,而评价的目的更多地强调教育效益的提高。成本降低不一定就意味着效益的提高。另外,高校的教育成本控制绩效不如企业的易于处理,也导致其评价的困难。高校的产出主要是其提供的教育服务,产出指标中除了少量经济指标之外,大多数都是教育指标,如果照搬企业的做法,将教育指标倾向化,必然会造成极大的误差。

可考虑用模糊数学的方法来评估高校教育成本控制绩效,因为模糊数学能够处理这种同时包含定性指标和定量指标的评估数据,暂且把这种方法称为"模糊综合评估法"。模糊综合评估的基本思路是:首先,按照专业性和群众性的要求,成立专家组作为成本评价专门工作机构;其次,请专家组对成本评估指标和权重提出意见,在他们的帮助下正式确定指标体系;最后,请专家组对高校教育成本控制责任制的具体实施进行认真的调研,结合指标体系进行计算,并根据结果对成本控制绩效做进一步的综合评估。计算时先对指标体系最低层次的项目进行模糊综合评估,然后逐层上升,直到对一级指标进行模糊综合评估,计算出综合评估值为止。

(二)高校办学效益分析

1. 高校办学效益分析的基本原理

按照现代经济学理论的解释,高校的产生及功用是和外部性特征密切联系的。一方面,利用正向的外部性特征,以连带性、非排斥性功能,为社会提供高质量人才,满足社会共同偏好,促进社会经济发展;另一方面,可以帮助克服负向的外部性,平衡社会的不同偏好,克服"市场失灵",实现社会公平与正义。同时,高校作为一种实现最优的资源配置的机构,其存在会减少人数众多时获取个人关于公共物品和外部性偏好的信息所需的交易成本和谈判成本,可以这么理解,高校的产生站在整个社会的角度是为了降低整个社会的教育总成本。高校在处理与社会的外部关系时,目的是减少社会成本。高校真正意义上的讲求成本,必然要理顺教育行为中直接成本与间接成本、业务成本与非业务成本、必要成本与连带成本之间的关系。如果使这些可操作性的机制形成制度性的规范,约束其行为,就可以在相当程度上减少浪费。

2.高校办学效益分析的方法

办学效益指在保证办学目标方向的正确性,并在给社会带来有效成果的前提下,办学活动的产出与投入之间的比率,可用公式表达为:办学效益＝办学产出/办学投入。其中,办学投入即办学成本,高校办学效益则可表达为:高校办学效益＝高校办学产出/高校办学成本。

三、高校成本控制方法与要素

(一)高校成本控制方法

成本控制方法是实现成本的重要手段,是完成成本控制任务和达到成本控制目的采取的措施。不同的成本管理阶段,如果面临相同的或类似的问题,所采用的成本控制方法就有可能不一样;在同一个阶段,如果遇到不同的成本对象或出于不同的管理要求,成本控制方法也会不尽相同。因此,如何选择一种适宜的方法来强化成本控制,使得成本控制更具有全面性、及时性,进而满足成本信息使用者的需求,就成为成本的重要目标。成本控制主要有以下几个步骤:

第一,构建成本整体框架,设置科学合理的控制环节;

第二,建立成本控制权责管理体系,确定行之有效的岗位制度；

第三,完善成本控制专项监督机制,实现定向的目标,

(二)高校成本控制要素

同企业成本控制一样,高校成本控制既是高等学校内部控制的内容之一,也是高等教育管理体系的有机组成部分。鉴于高等学校是一类具有特殊运行规律和管理需求的组织,因此,应当在构建其内部控制系统和设置内部控制要素时,既基于《企业内部控制基本规范》和《行政事业单位内部控制规范(试行)》的基本思路,又能够充分结合高等教育的特色,体现教育事业发展的规律和要求。高校成本控制要素主要有:

1.控制环境

(1)成本控制系统的基本状况。成本控制系统是由高等学校内部的一些部门(或作业中心,以下简称作业中心)组成的,通过设定成本控制目标,并采取一系列控制方法和措施,对各部门发生的实际成本的目标的偏差进行调整,使得高校成本符合预期的管理系统。

(2)成本控制机制的建设状况。成本控制机制的建设是有效实施成本控制的基础。成本控制机制建设的关键在于:一是要建立不同作业中心之间的沟通协调和联动机制;二是要建立成本控制的决策、执行和监督的有效分离机制;三是要建立成本控制的决策机制、岗位责任制、内部监督机制。

(3)成本制度的完善程度。机制的建立健全离不开管理制度的制定与完善。

2.事业活动和控制

(1)事业活动的成本预算和控制。事业活动的成本预算,是由每个作业中心单独的成本预算组成的,反映该作业中心为开展一定的事业活动所消耗的资源。

（2）事业活动的支出管理和控制。事业活动的支出管理，是把握事业活动成本是否按照批准的成本预算执行的关键。

3.信息沟通和监控

信息沟通和监控是有效实施高校成本控制的有力手段，使得整个成本控制系统的信息能够及时传递和交换，适时提出增补、修改、调整、废止等管理建议。

四、高校成本控制的基本规范

（一）高校成本控制基本规范概述的必要性

高校价格竞争力不是建立在规模实力基础上的，而是建立在成本管理水平不断提高基础上的。所以提升高校价格竞争力的途径，只能是成本管理规范化。

第一，只有通过成本管理规范化的系统思考，才能保障企业从整体统一的思路实施成本控制，以保证成本管理不会流于形式。成本管理规范化，并不是寻求单独一个岗位或者一个环节投入的最小化，而是要保证在企业整体效益最大化的前提下，实现成本控制的优化，使每一个岗位上的每一个环节的投入最小化。企业是一个有机整体，成本控制不能盯住局部算小账。只有通过规范化管理的实施，才能避免局部算小账、整体发生大浪费的事件。

第二，成本管理措施必须通过规范化予以稳定，以避免朝令夕改的事件发生。好的成本控制思路和技术方法，必须通过制度规范的形式固定下来，作为一种事先达成的共同约定，对企业组织每一个成员都产生约束作用，才能保证从上到下全面贯彻落实。好多企业成本控制不力的一个重要原因，就是运动式地搞成本控制，集中抓一阵子后，领导人的呼声一降低，下面成本控制的热度就没有了，浪费的习惯又开始产生作用了。

第三,有效成本管理的关键点是形成成本控制激励机制。而这种成本控制激励机制,没有成本管理规范化的实施,以稳定成本管理的约束和激励,以形成一种自主产生作用的力量,也就不可能形成。

第四,要保证成本控制效果的不断改进,只有通过成本管理规范化,把不断完善改进的程序管理方法,确定为成本控制的基本规范,才能保证有效的成本控制方法能及时投人到企业组织运行过程中去。

第五,要保证成本管理制度能不折不扣地得到贯彻,必须使这些制度标准得到全体员工的认同,并积极、创造性地实施。这也只有管理规范化才能保证每一个员工发自内心地认同这些制度标准,以使成本管理由一种外在约束变成一种自我约束。

(二)高校成本控制基本规范概述

教育成本控制基本规范作为教育成本控制管理行为的基本标准,是对教育成本控制管理人员和教育成本信息处理具有约束、评价和指导作用的一系列基本标准。

1.高校成本控制基本规范的特点

虽然高校成本控制具有企业财务成本管理的部分共性,但是一般认为,高等教育成本管理基本规范的特殊性源于教育具有特定的经济效益及社会效益。地方高校成本控制基本规范也就不可能完全按照企业财务成本管理模式去制定和运行。更确切地说,高校成本控制基本规范的特点更多地体现在教育产品的特殊性。

2.高校成本控制基本规范的作用

实现教育成本信息生产的标准化与解决教育成本信息失真问题是确立教育成本管理基本规范的主要作用和重要意义。成本控制基本规范是高校实施成本核算、成本评价的依据。对高校成本执行结果的评价,都要求在全社会范围内对成本管理工作的质量得出结论。

(三)地方高校成本控制基本规范的建议

1.更新成本观念

更新成本观念具体体现在以下两点:
(1)成本效益观念。
(2)成本动因观念。

2.引入作业成本法

"产品消耗作业,作业消耗资源"是作业成本法的核心所在。作业成本法的特点可分为两点:第一,以作业作为核算的核心和重点,将成本核算深入到作业层次;第二,对间接费用的分配,应当采取按因分配,即按引起间接费用发生的多种成本动因的不同进行分配,并深入追踪到最终产品的成本,使得计算结果与实际之间的误差更小。

3.建立成本管理体系

一系列的成本管理行为标准组成了成本管理基本规范的完整体系。首先,从法律规范的角度来说,成本管理体系包括了与成本管理有关的法律和教育法规。其次,从理论规范角度来讲,成本管理体系包括了成本管理的目标和原则、成本管理的要素、成本核算的基本前提及其成本信息处理程序和方法等等。最后,从技术角度来说,成本管理体系包括了对成本核算实务处理提出的要求和准则、方法和程序以及成本管理职业道德规范等。

五、高校成本控制的现状分析

(一)建立"统一领导、集中管理、集中核算"的财务管理体制

"统一领导、集中管理、集中核算"是指高校的财务收支在校长(或院长)的统一领导下,由学校的财务部门集中管理,不设二级核算单位,统一财务收支计划、财务管理制度、预决算、资源配置。同时,高校必须建立健全校(院)长经济责任制;高校必须按照学校管理层次,分别建立各部门、单位行政负责人的经济责任制以及各级财务主管、财务人员的经济责任制,构建多层次的经济责任体系,将财经工作的任务和责任层层分解并落实到校内各部门、单位直至个人。到目前为止,大部分高校已经按照层次分别建立了校长、分管校长或总会计师、财务处长和基层单位负责人等若干层次的经济负责制,并在财务收支过程中实行财务"一支笔"领导审批制度。

(二)实行综合财务预算制度

财务预算是高校成本控制的重要方法,也是成本管理的组成部分,是高校进行各项财务活动的前提和基础,是日常组织收入和支出的依据。它不仅要反映学校年度内的工作内容和需要完成的事业发展计划,而且要反映学校事业发展的规划和方向。我国预算的编制大致经历了三个阶段:第一阶段,中华人民共和国成立后的 30 年间,教育经费全部由国家负担,预算反映的仅是单一的财政拨款的收入和支出,对教育经费的控制起了一定的作用。第二阶段,单一的财政拨款预算向综合财务预算过渡的阶段。党的十一届三中全会以后,高校具有一定程度上的办学自主权,学校收入向多元化方向发展,学校财力相对增强,为了加强预算内外经费的管理,编制了所有可收入的"校级预算",逐步确立了综合预算的基本模式。第三阶段,综合财务预算全面实施阶

段,确定了"集中统一、大收大支"的预算编制原则,规范了高校财务预算的运作。

(三)地方高校成本控制存在的主要问题

1.成本控制意识淡薄

地方高校的管理者大多受传统体制的影响,认为高校只存在社会效益问题,不存在经济效益问题,因此对于学校的办学成本只是粗放式的管理,成本计量的目的仅限于使国家在统计和投资时有一定的依据,却没有认真考虑怎样对其科学、合理地使用以及怎样使有限的办学成本在保证教学并能最大限度地提高人才培养质量上有效使用。虽然国家对大多数高校的投资连年增加或对某些学校进行高额的重点投资,但其人才培养质量却不尽如人意,最终导致一些高校办学既没有经济效益,也没有预期的社会效益。究其原因,这与一些高校的管理者成本控制意识淡薄不无关系。

2.尚未建立系统的成本控制理念

目前我国大多数地方高校的办学成本控制理念还处在探索阶段。一般认为,高校的成本控制不应只是沿用企业的成本控制理念,一味地降低成本,而高校成本低并不意味着人才培养质量的提高,有些情况下两者是相悖的,如班级容量的增加、师生比的加大、由报酬较低的讲师代替有经验的教授讲授某些课程,这些措施虽然对降低办学成本立竿见影,但无疑是在牺牲质量的前提下上实现的。

3.未充分发挥财务等职能部门的成本控制职能

我国高校财务部门的职责大多仅是从事财务收支、报账等一些简单的职能活动,没有将责任扩展到成本控制的领域,可以说无法满足现今大学对财务管理的需求,对高校的发展没有发挥其应有的作用。同时,我国高校财务部门的人员结构不合理,专业知识理论已不能适应时代的发展,无法将新的成本控制的理念和方法应用到实际工作中,更谈不上从成本合理化的角度对大学的发展规划提出切实有效的建议,所以我国高校的成本管理的职能有待加强,我国高校的财务管理人员的素质也有待提高。

(四)加强地方高校成本控制的措施

1.转变管理观念

高校的管理者要改变原来计划经济体制下养成的"等、靠、要"的思想,进行高校成本管理的心理调整,树立与社会主义市场经济相适应的成本管理观念。这主要从以下三个方面展开:第一,树立高校是成本管理主体的观念。学校的各级领导和广大教职工都是成本管理的主要承担者。第二,树立经营的观念。经营思想是成本管理思想的重要组成部分,核心就是要树立成本效益意识,少花钱多办事。不管是高校进行基本建设、维持正常运转,还是进行科技成果转让、与企业进行合作等,必须适应市场经济的发展要求,在完成学校培养人才的根本任务的前提下,用经营企业的思想来经营学校。第三,树立竞争意识。目前高校与高校之间的竞争已成为教学质量、人才培养质量、服务社会的能力强弱的竞争。只有用有限的财力、物力和人力向社会提供高质量的教学、科研服务,才能提高自身的竞争力,才能吸引更多、更好的学生到学校来学习。

2.健全组织机构

在转变广大教职工观念的基础上,学校必须建立健全成本核算、成本控制和成本管理的组织机构(郑玲,2006)。

(1)明确学校成本控制机构。一般是在已成立的校财经领导小组下,明确成本控制的职责,由校长任组长。其他成员由财务专家、各院院长和主要部门的负责人组成,负责领导全校成本控制和成本管理工作,审核学校年度预算、决算并监督其执行情况。

(2)明确财务处成本核算的职能,增设有关成本核算类科目,进行相应的账务处理和成本报表的编制。在目前高校还没有全面进行成本核算的情况下,同一笔支出可以在按照现行会计制度做账的基础上,再按照成本控制的要求进行成本核算的有关记录。

(3)赋予审计处成本费用审计的职能。随着教育成本纳入学校管理的视野,学校审计处也应该及时跟进,充分发挥内部审计在成本管理中的作用。审计的主要内容可分为教育成本审计和专项经费审计两部分。审计的重点应该以审查成本费用的合规性、合理性和有效性为主。通过内部审计,为学校提出控制教育成本的建议或措施。

3.发挥高校经营与成本控制的协同效应

为达到优化资源和提高成本控制水平的目的,应充分发挥高校经营与成本控制的协同效应。

(1)设立大型贵重、精密仪器设备管理部门,实现各部门的有偿共享,这样可避免校内不同院系、部门之间的重复投入,提高设备的利用率。

(2)争取或尝试建立校际、校企、校所设备及数字图书等资源的共享平台。

(3)鼓励校内师资跨院上课,最大限度地挖掘既定师资力量的潜力。

例如,以教研室或实验室的资源优势为基础,打造教学、科研、经济功能并举的综合实体平台,既能避免资产闲置、发挥教师的积极性,又能加快科技创新、科技成果的产业化进程。同时,在综合平台发展中传递有关市场信息,改革人才培养模式,及时调整、完善专业设置和课程体系,有针对性地提升师资专业实践水平,突出专业培养实践特色,形成良性循环。利用综合平台发展能有效克服校外实训场所受生产及经费制约大、轮岗机会少的缺陷,针对学生的专业特点和自身特长,有效安排多种技能、多种岗位的实训,真正落实实践教学的计划和要求。

第三章 高校财务人员管理

人是财务管理过程中最为活跃的因素,具有会计从业资格的财务人员是高校财务管理的主体力量,是财务部门管理系统中的行为主体。高校财务人员的管理由财务部门负责,对人员管理的重大政策则由管理层制定。财务人员已从简单的信息加工者转向预测、决策、控制和评价的管理者,主体的行为将直接影响经济效果,良好的管理制度必须有良好的管理者去实施。本章将从人员配备及管理、关键岗位控制两个方面对高校财务人员管理进行深入研究。

第一节 人员配备及管理

为便于组织、核算、管理和监督学校的财务收支活动,高校内部设置的财务机构,必须根据相关制度的规定,相应配备专职的财务人员,按照《中华人民共和国会计法》(以下简称《会计法》)的要求履行财务人员的职责和权限,并建立内部控制制度,以避免分工不清、职责不明造成财务管理混乱。

一、高校财务人员的配备

(一)高校财务人员配备的有关规定

(1)高校财务机构应当配备专职财务人员。

(2)财务人员应当具备与其工作岗位相适应的资格和能力。

（3）财务人员的调入、调出、专业技术职务评聘以及校内二级财务机构负责人的任免、调动或者撤换，应当由学校一级财务机构会同有关部门办理。

（4）高校校内设置二级财务会计机构，必须相应配备专职财务人员。校内各级财会主管人员的任免应当经过上一级财务主管部门的同意，不得任意调动或者撤换。二级财务机构的财务人员的调入、调出、专业技术职务的评聘需由财务部门会同有关部门办理。

（5）为加强财务管理，各学校应对配备的财务人员进行严格的财会业务培训和政治思想教育，不断提高财务人员的业务素质和政治素质，并定期组织考核，保证财务人员廉洁奉公，为学校教学科研等各项事业发展服务。

（6）高校校内各级财会主管人员的任免应符合有关制度的规定，并需经过上一级财务主管部门的同意，二级财务机构主管人员的任免需获得总会计师和财务处的同意。

（二）高校财务人员配备存在的主要问题和质量保证

1. 高校财务人员配备存在的主要问题

第一，高校财务人员的编制不够。高校财务人员的编制不够，原有的财务人员不能满足高校快速发展的需要，或者说，高校财务人员的配备还来不及适应高校快速发展的要求。随着高校的大幅度扩招和科研经费的大幅度增加，即使高校计划增加财务人员编制和人员，但由于发展太快了，财务人员增加的速度达不到高校发展的速度。

第二，高校财务人员的素质偏低。高校财务人员素质偏低，很多是照顾教授的配偶调进学校的，进财务处名声好听一些，所以很多教授的配偶进了财务处，其学历偏低、职称偏低、年龄偏大，男女结构、职称结构、年龄结构都不尽合理。

第三，财务机构负责人实际工作经验欠缺。随着高校重视职称,很多高校将从事教学的学术性教授调到财务处来当处长,这些人可能是博士、教授,但没有实际的财务工作经历,工作不踏实,夸夸其谈,对高校的财务工作十分不利。

2.高校财务人员配备的质量保证

第一,必须重视高校财务人员的配备工作。增加财务人员的成本远远小于节约的成本。第二,学术型人才的合理使用。院系的院长、副院长、教授等学术型人才担任财务处处长前,最好先担任1～3年财务处副处长,在财务处副处长的岗位先熟悉情况。了解高校财务工作的实际情况后,调任财务处处长,既能发挥其高级人才的应有作用,又能尽快熟悉业务,提高财务管理水平,一举两得。第三,增加财务人员编制,配备优秀的财务人员。给财务处以足够的人员编制,并配备优秀的专业人才,可以优先在高校自身的会计专业中挑选优秀的本科生,充实到财务人员队伍中来。

二、高校财务人员的管理

(一)当前高校财务人员管理存在的问题

1.管理理念淡薄

由于长时间地受体制原因的影响,许多高校的预算编制方法较为单一、落后,预算执行过程缺乏刚性,预算目标绩效与实际不相符合,很多时候高校的预算管理只是流于形式,并不起实际作用。众所周知,我国学校属于事业单位属性,这一特征还导致了高校财务人员普遍缺乏理财意识,对于成本、效益、风险等事务缺乏管理理念,高校的管理会计的作用微乎其微。与此同时,当前高校的财务处长通常属于行政管理岗位,很多任职人员都非科班出身,高层的管理理念也比较淡化。此外,高校财务人员在日复一日的简单工作中所形成的记账式核算思维不能有效发挥其在新形势下的多重职能,如管理、监督、服务等;高校财务一般情况下不注重对资金和往来账项进行及时有效的清理,容易造成资金流失的状况,使得高校财务风险发生率提高;财务人员在高校重大项目投资中的参与率和参与度不高,导致一些项目缺乏科学的分析,从而使得教育专项资金使用效率低下,不能发挥资金的应有效益。

2.创新能力不足

高校的事业单位特点决定了其经济业务的单调性。在我国高等院校的财务实务中,大量业务都属于基础性财会工作,业务本身缺乏挑战性和创造力。日复一日的大量重复性、机械性的程序工作,极易引发财务人员对工作的枯燥感和懈怠性。同时,高校财务人员长期处于校园象牙塔式的环境中,生活稳定安逸,懈于开拓进取。很多从事高校财务工作的人员,创新思维遭到严重遏制,主观上不愿意去学习和掌握其他新的业务技能,更缺乏预测、决策、分析、控制和监督等"大会计"管理和服务理念。由于各高校一般仍以教学、科研和学生管理为重点内容,财务人员作为单位的非主体系列,个体在工作中很难平衡业务管理与服务之间存在的客观矛盾,在职称评定、职务晋升及考核联评等个人发展方面极易受到不尽合理、公平的待遇,导致其对自身评价及岗位价值认识偏颇,工作创造力明显不足。高校财会队伍的思维僵化和自信心淡化,严重影响了高校财务管理的质量和效率。

(二)高校财务人员管理的具体措施

1.职业素质管理

加强对财务人员的职业素质管理特别重要,这将影响整个财务管理的效果。制度设计和管理得当可以增加经济效益,制度设计和管理不当则会造成经济浪费和损失,其中财务管理的水平取决于财务人员职业素质的高低。财务人员素质高,则财务管理水平较高;财务人员素质低,则财务管理水平较低。财务人员的职业素质包括专业素质和职业道德素质。专业素质即财务人员应具备的知识结构、专业技术水平、业务能力等;职业道德素质即财务人员是否自觉遵循财务会计工作的道德标准。财务人员的职业素质管理要从财务人员的专业素质、职业道德素质等方面着手,选拔优秀的财务主管,带动财务部门整体素质的提高。

(1)财务人员的专业素质管理。

财务人员的专业素质将影响高校财务管理的整体水平,为保证财务管理的质量,必须对财务人员提出更高的要求。专业素质管理主要是通过明确财务人员准入条件、培养在岗财务人员的素质等措施进行的。

①高校财务人员素质的历史成因。

传统的高校财务部门,其功能局限于记账、算账,技术含量较低,被认为是不需要专业技术、谁都可以进的部门,成了历史上没有任何门槛的"养人"的地方,是高校解决富余人员及照顾家属、子女就业的场所,财务人员素质普遍较低。

20世纪90年代初,高校开始实行费用分担的缴费上学制度,从单一的依靠财政拨款,发展到依靠财政拨款、学费、捐赠等多渠道收入,高校财务人员也开始有所作为。到了20世纪90年代末,高校开始大规模扩招,随后高校进入了前所未有的融资建设大发展时期,高校遇到的资金问题越来越多,财务部门的功能逐步扩大,业务也越来越复杂,增加了财务人员的发展空间。

随着高校的发展,对财务人员的要求逐步提高,形成了阶梯状的人员素质结构,人员素质出现参差不齐的状况,越是历史悠久的高校,留有的历史痕迹越明显。因此,随着高校的发展和财务专业化要求的提高,人员淘汰不可避免,对于部分"养人"时期进入的素质不高、不爱学习、不求进步、不能适应专业化需要的财务人员,可轮岗到凭证装订、会计档案管理等专业化要求较低的手工或半手工岗位。高素质人员最终取代低素质人员,将是发展的必然趋势。

②高校财务人员的准入条件。

现代高校财务管理需要高素质的管理人才,在录用财务人员时,应该设置一定的准入条件,但由于道德素养是通过日常行为表现出来的,面试时很难以考试的方式发现,因此准入条件一般针对专业素质。高校财务人员的录用,一般应具有学历、专业、工作经验、年龄等方面的准入条件。

第一,学历条件。例如,本科高校培养的是本科以上的人才,一般情况下高校管理人员应该具备本科以上学历,否则管理人员的层次与高校培养的人才层次不相适应。高校财务人员是管理岗位的专业技术人员,因此必须具备本科以上学历。

第二,专业条件。高校财务部门的主要功能为会计核算和财务管理,两者互相联系、互相渗透。核算过程包含管理内容,管理过程需要核算的数据,高校财务人员既要会核算也要懂管理。财务人员的专业要求一般为:会计专业或经济类的其他专业,但必须具备计算机应用的基本知识;系统软件管理和维护人员可以是计算机专业的,但必须具有一定的会计专业基础知识。

第三,工作经验。高校的一般财务人员只需要符合学历条件和专业条件的应届毕业生,不一定要求有工作经验。会计机构负责人或财务主管应该具备财务工作经验,如果非专业人员,则对会计机构的管理也只能是行政上的领导,难以深入到专业领域。在实际工作中,因干部轮岗的需要,部分高校会计机构负责人是从其他部门轮岗而来,不具备财务工作经验及会计从业资格。随着未来高校的发展和管理体制的改革,会计机构负责人专业化将是发展的趋势。

第四,年龄。高校财务人员录用年龄应该区别对待,如果录用年轻人,应选择高校毕业生;如果不是年轻人,则须具备技术职称和工作经验。社会上流行的说法是做技术的人,如医生、会计师等"越老越吃香",即经验越来越丰富、技术越来越成熟,这是对于兢兢业业做专业的人来说的。对于普通的财务人员来说,年龄是个坎儿,随着年龄的增长,如果经验和技术没有跟着长进,他们的专业发展潜力就不复存在,录用也没有意义。

③新进人员岗前培训和业务指导。

会计专业是应用型专业,新进的财务人员需要一段时间的实践和适应过程。对新进财务人员进行岗前培训和业务指导,使新进财务人员能以最快的速度胜任岗位工作,也是提高财务人员素质的有效办法。一般情况下,高校新进财务人员不是批量的,而是一次录用几个人,不适合采用培训班的形式。在管理实践中,对新进财务人员采取一对一的业务指导,即挑选业务素质好的优秀财务人员对新进人员进行"传、帮、带",讲解工作内容和指导具体业务,一般指导1~3个月,新进人员基本上就可以独立工作了。如果由新进人员自己摸索,没有人给予业务指导,则适应岗位的时间最快为半年或者更长。但在激烈的竞争环境下,如何让优秀的财务人员传授经验和技能给他人,而又不会有危机感是个需要妥善处理的艺术问题。首先,要明确"传、帮、带"是一项组织分配的工作任务,不是个人意愿和个人行为;其次,要给传授者一个荣誉,那就是被传授者的老师;最后,也是最重要的是要在内部形成一个道德底线约束机制及和谐的工作环境,如果没有和谐的工作环境及财务人员道德底线约束,则难以实现"传、帮、带"。

④高校财务人员知识结构要求。

对于从事高校财务管理的会计人员来说,具备会计专业知识只是一个基础。由于会计学是具体操作的微观领域的学科,再加上会计法律法规对会计工作做出的具体约束和规范,高校财务人员如果知识结构单一,则容易形成内敛的个性,给人谨小慎微、做不了大事的感觉。有的高校领导宁愿提拔一个非专业人员任会计机构负责人,也不愿用纯会计专业的人才,除了政治素质的因素外,人才知识结构与高校财务管理的要求存在偏差是主要的原因。所以,一个合格的高校财务人员其知识结构应该是全面的,除了会计专业知识外,必须具备计算机、管理学、经济学、统计学等其他相关学科的基本知识,成为综合型应用人才。

第一,计算机知识。随着电算化的普及和网络时代的发展,现代高校会计核算和财务管理是通过计算机软件和网络信息来进行的,如果没有计算机方面的知识,则无法从事高校会计工作。计算机知识是除了会计学知识以外,财务人员必须具备的基本知识。

第二,管理学知识。高校财务管理需要运用管理学方面的知识,因此财务人员必须具备一定的管理学基础知识。

第三,经济学知识。会计学是微观领域的学科,为了弥补宏观知识的不足,财务人员需要了解经济学方面的知识,把握宏观经济发展,把微观与宏观知识结合起来,才能做好高校财务管理工作。

第四,统计学知识。财务管理涉及数据分析,财务人员需要了解统计分析方法,因此必须具备统计学的基础知识。

⑤高校财务人员素质的培养。

高校财务人员被淘汰下岗的情况很少,要让在岗人员主动提高自己的素质,归结起来要有激励的机制、良好的环境、提高的途径。

第一,激励的机制。

首先,建立尊重专业人员技术职务的机制。目前高校仍然是行政化管理体制,因此首先要建立尊重专业人员技术职务的机制,如果对财务人员基本的技术等级身份都不予以认可和尊重,其他一切都无从谈起。一方面高校要鼓励财务人员参加职称考试,通过考试培养学习习惯,提高业务水平;另一方面高校要尊重会计专业技术职务,在提拔行政管理职务等方面,应该把会计专业技术职务作为重要的参考因素。在同一条件下,专业技术职务的高低标志着个人付出的努力不一样,因此应有区别地对待,以激励财务人员积极进取。

其次,建立技术学术奖励机制。为了最大限度地发挥财务人员的技术水平,提高工作效率,高校应当建立绩效考评制度,开展技术评比活动,对工作表现出色、办事效率高的财务人员给予奖励;为了激励财务人员参与学术活动,在专业论文方面,要根据发表论文的质量等级给予一定的奖励;在课题研究方面,对获奖的课题组给予一定的配套奖励金。

第二,良好的环境。

环境因素对财务人员整体素质的影响非常大,良好的环境有利于财务人员整体素质的提高。良好的工作环境需要营造包括以下两个方面。

首先,管理者营造。高校各级管理者应为财务人员营造积极向上、健康进取、团结协作的良好工作环境,让财务人员全身心地投入工作和学习当中。

其次,财务人员自己营造。如果工作环境比较差,可以从少部分业务骨干开始,把风气引向好的方面,逐步扩大影响力,最终从量变到质变,改变恶劣的环境,形成健康向上的良好氛围。

第三,提高的途径。

首先,学历教育或进修学习。高校财务人员具有其他行业财务人员无法比拟的优势条件,很多高校在本、专科或研究生阶段开设了会计或其他经济类专业,在职参加各类学历教育或进修比较方便。高校应鼓励财务人员在不影响日常工作的情况下,参加各类学历教育,或选送人员进修学习。

其次,继续教育培训。会计类的专业知识更新比较快,因此财务人员必须每年参加继续教育培训,给自己的知识进行一次"更新换代"。继续教育学习是"老会计"跟上新时代发展的有效途径。除此之外,财务人员还可以自学。

(2)财务人员职业道德素质管理。

职业道德素质是财务人员素质的重要组成部分,出色的专业素质和良好的道德素养构成了高素质的会计人才。

①财务人员职业道德素质标准。

《会计基础工作规范》第十七条规定:"会计人员在会计工作中应当遵守职业道德,树立良好的职业品质、严谨的工作作风,严守工作纪律,努力提高工作效率和工作质量。"第十八条至第二十三条对会计人员的职业道德提出了六点具体要求,如下所示。

第一,敬业爱岗。会计人员应当热爱本职工作,努力钻研业务,使自己的知识和技能适应所从事的工作要求。

第二,熟悉法规。会计人员应当熟悉财经法律、法规、规章和国家统一会计制度,并结合会计工作进行广泛宣传。

第三,依法办事。会计人员应当按照会计法律、法规和国家统一会计制度规定的程序和要求进行会计工作,保证所提供的会计信息合法、真实、准确、及时、完整。

第四,客观公正。会计人员办理会计事务应当实事求是、客观公正。

第五,搞好服务。会计人员应当熟悉本单位的生产经营和业务管理情况,运用掌握的会计信息和会计方法,为改善单位内部管理、提高经济效益服务。

第六,保守秘密。会计人员应当保守本单位的商业秘密。除法律规定和单位领导人同意外,不能私自向外界提供或者泄露单位的会计信息。

因此,会计人员职业道德素质的核心是"依法办事",只要依法办事,就不会做假账。同时,要会"搞好会计服务",如果不会管理、不懂为提高经济效益服务,那也是一个不合格的会计。

②财务人员职业道德素质培养。

一个人的道德修养是通过家庭教育和社会教育逐步形成的,但在同等的教育环境下存在着个体道德修养的差异。财务人员的职业道德素质是在其选择会计作为自己的职业后逐步形成的,加强财务人员职业道德教育是培养职业道德素质最直接、有效的途径。

(3)财务主管的选拔及专业化管理。

财务主管对会计机构及财务人员的整体素质有很大影响,因此财务主管的选拔也是财务人员职业素质管理的重要组成部分。

①财务主管对会计队伍整体素质的影响。

在高校财务管理实践中,财务主管对会计主流人群的影响主要有四种类型:正向引导型、不闻不问型、负面带动型、混合型。

第一,正向引导型。这种类型的财务主管一般属于高素质的人才,通过主管的榜样效应,财务人员也以成为高素质人才作为自己的努力目标,同时通过主管的业务指导使会计队伍的整体素质得到提高,从而得以产生一批高素质的财务人员。正向引导型主管对会计队伍素质的提高具有积极的影响。

第二,不闻不问型。这种类型的主管一般属于性格内向或自己管自己、不喜欢管别人的人。在这种情况下,财务人员或自由放任或自我发展。不闻不问型主管对会计队伍的素质影响不大。

第三,负面带动型。这类主管一般有自己的癖好,而且可以鼓动他人也产生与他同样的癖好,使会计主流人群患上同样的"流感"。比如,癖好麻将的主管,有时会在上班时间打麻将,有时会在下班前约好朋友玩,第二天还兴奋地交谈昨晚的"战果",带动部分人也跟进交谈,使其他人不得安宁。这类主管的负面影响很大,不但无法提高会计队伍的整体素质,而且可以摧毁整个财务部门的工作效率:由于是主管带头和倡导的,不理智的人跟群,明智的人沉默。

第四,混合型。混合型主管介于以上三种类型之间,属于大众化的人员,对会计群体的影响不是特别突出。

②财务主管的选拔。

选拔财务主管,不仅要看其专业素质和能力,还要看其对会计主流人群可能产生影响的类型。

第一,担任财务主管的基本条件。担任单位会计机构负责人(会计主管人员)的,除取得会计从业资格证书外,还应当具备会计师以上专业技术职务资格或者从事会计工作三年以上经历。

第二,专业素质和管理能力要求。《会计基础工作规范》第七条对财务主管的业务素质和能力作了规定:"主管一个单位或者单位内一个重要方面的财务会计工作时间不少于二年""熟悉国家财经法律、法规、规章和方针、政策,掌握本行业业务管理的有关知识""有较强的组织能力"等。一般来说,财务主管的业务素质应该是会计群体中的佼佼者,具有让人信服的专业技术水平和政策水平,知识结构比较全面,具有把握全局的组织协调能力。

第三,对会计群体影响的类型选择。首先,应当选择正向引导型的财务主管,以利于会计队伍整体素质的提高,创造和形成积极向上的工作环境;其次,可选择不闻不问型的,对会计主流群体影响不大,即使没有好的影响,至少也没有坏的影响;最后,选择大众化的混合型主管。切不可选择负面带动型的主管。

③财务主管的专业化。

虽然很多高校的财务主管是由专业人员担任的,但就高校整体而言,如果不改变现行的行政化管理体制,那么财务管理的专业化还有漫长的路要走。高校财务管理的专业化需要具备两个前提条件:一是现实需要,二是管理体制。

随着近几年的发展,高校外部和内部的经济环境都发生了重大的变化。外部环境中,市场经济发展逐步走向完善;内部环境中,虽然计划经济的痕迹还比较明显,但在高校与外部的交互关系中,市场经济的因素已经渗透到了高校,高校内部各种经济关系越来越复杂,特别是融资建设方面,虽然惊人的负债最终由政府出手救助和控制,但已经有了与市场的紧密接触。大规模的融资行为对专业化管理提出了要求,高校财务专业化管理的现实需要条件已基本具备。

现行的高校管理体制是行政管理体制,财务管理是高校行政管理的一部分,财务主管(或负责人)可能是行政长官,不是专业人员。虽然《会计法》第三十八条明确规定了"担任单位会计机构负责人(会计主管人员)的,除取得会计从业资格证书外,还应当具备会计师以上专业技术职务资格或从事会计工作三年以上经历",并且《高校总会计师管理办法》也对高校财务专业化管理进行了推动,但在现实中,高校财务专业化管理还没有得到全面的推广。会计法规对财务主管的任用条件与干部管理制度存在不一致,部分高校按照会计法的条件任用财务主管,部分高校按照干部管理制度的要求任命财务行政领导。高校财务管理专业化的体制条件还未完全具备。

高校财务管理专业化的现实需要条件虽已具备,但体制条件尚未成熟,实现财务专业化管理还需要时间。随着我国市场经济的成熟和高校改革的推进,高校财务实现专业化管理是必然的趋势。

2.行为规范管理

财务管理机构的会计人员,有可能为各种利益所驱动,从而冲破职业道德底线,做出对财务管理不利的行为,使管理机构内部产生风险。为了防范机构内部风险,必须建立对财务人员具有普遍约束力的行为规范。财务人员行为规范是指通过对财务人员行为的约束和限制,抑制其不良动机,从而控制可能出现的操纵行为。财务机构和财务人员行为规范表现在"该为"和"不得为"两方面,以及对"该为不为、不得为而为之"应追究的责任。

(1)"该为"的事项。

根据《会计法》的要求和高校财务管理实践,"该为"的事项可归纳为以下几方面。

①进行会计核算。

会计核算包括款项和有价证券的收付;财物的收发、增减和使用;债权债务的发生和结算;资本、基金的增减;收入、支出、费用、成本的计算;财务成果的计算和处理等经济业务事项。必须填制或者取得原始凭证并及时送交会计机构,根据实际发生的经济业务事项进行会计核算,填制会计凭证,登记会计账簿,编制财务会计报告。

②符合制度规定。

会计凭证、会计账簿、财务会计报告等会计资料必须符合国家统一的会计制度的规定。

高校的财务机构、会计人员必须按照《会计基础工作规范》等国家统一的会计制度的规定对原始凭证进行审核,对不真实、不合法的原始凭证有权不予接受,并向单位负责人报告;对记载不准确、不完整的原始凭证予以退回,并要求对方按照国家统一的会计制度的规定予以更正、补充。记账凭证应当根据经过审核的原始凭证及有关资料编制。

高校发生的各项经济业务事项应当在依法设置的会计账簿上进行统一登记、核算。会计账簿登记，必须以经过审核的会计凭证为依据，并符合有关法律、行政法规和《高校财务制度》《高校会计制度》的规定。

高校的财务会计报告应当根据经过审核的会计账簿记录和有关资料编制，并符合国家统一制定的关于财务会计报告的编制要求、提供对象和提供期限的规定，向不同的会计资料使用者提供的财务会计报告，其编制依据应当一致。财务会计报告应当由单位负责人和主管会计工作的负责人、会计机构负责人（或会计主管）签名并盖章；设置了总会计师的单位，还须由总会计师签名并盖章。单位负责人应当保证财务会计报告真实、完整。

③定期核对账款。

高校应当定期将会计账簿记录与实物、款项及有关资料相互核对，保证会计账簿记录与实物及款项的实有数额相符、会计账簿记录与会计凭证的有关内容相符、会计账簿之间相对应的记录相符、会计账簿记录与会计报表的有关内容相符。高校财务机构、会计人员发现会计账簿记录与实物、款项及有关资料不相符的，有权自行处理的，应当及时处理；无权处理的，应当立即向单位负责人报告，请求查明原因，做出处理。

④特殊情况说明。

高校采用的会计处理方法，前后各期应当一致，不得随意变更；确有必要变更的，应当按照国家统一的会计制度的规定变更，并将变更的原因、情况及影响在财务会计报告中加以说明。单位提供的担保、未决诉讼等或有事项，应当按照国家统一的会计制度的规定，在财务会计报告中予以说明。

⑤建立会计档案。

高校对会计凭证、会计账簿、财务会计报告和其他会计资料应当建立档案，妥善保管。会计档案的保管期限和销毁办法，由国务院财政部门会同有关部门制定。

⑥依法管理。

单位负责人应当保证财务机构、会计人员依法履行职责,财务机构、会计人员对于不符合会计制度规定的事项,有权拒绝办理或者按照职权予以纠正。单位和个人有权检举违反会计法的行为。有关部门有权处理的,应当依法按照职责分工及时处理;无权处理的,应当及时移送有权处理的部门。有关负责部门应当为检举人保密。

⑦如实提供资料。

根据有关法律法规的规定,高校必须接受监督检查部门依法实施的监督检查,应当如实地向受委托的会计师事务所提供会计凭证、会计账簿、财务会计报告和其他会计资料。

⑧取得会计资格。

从事财务工作的人员,必须取得会计从业资格证书。财务人员应当遵守职业道德,提高业务素质。担任单位会计机构负责人(会计主管人员)的,除了取得会计从业资格证书外,还应当具备会计师以上的专业技术职务资格或者从事会计工作三年以上的经历。

(2)"不得为"的事项。

根据会计法的要求和高校财务工作实践,"不得为"的事项可归纳为以下七个方面。

①不得弄虚作假。单位和个人不得以虚假的经济业务事项或者资料进行会计核算。

②不得伪造变造。单位和个人不得伪造或变造会计凭证、会计账簿以及其他会计资料,不得提供虚假的财务会计报告。

③不得私设账簿。不得违反国家统一的会计制度的规定,不得私设会计账簿进行登记、核算。

④不得授意指使。单位负责人不得授意、指使、强令会计机构、财务人员违法办理会计事项。

⑤不得泄露检举人信息。收到检举材料的部门、负责处理的部门,不得将检举人姓名和检举材料转给被检举单位和被检举人

个人。

⑥不得非法要求。单位或者个人不得以任何方式要求或者示意注册会计师及其所在的会计师事务所出具不实或者不当的审计报告。

⑦不得拒绝、隐匿、谎报。单位和个人应如实提供会计凭证、会计账簿、财务会计报告和其他会计资料,接受有关监督检查部门依法实施的监督检查,不得拒绝、隐匿、谎报。

(3)追究责任的事项。

根据会计法的规定,对于"该为不为、不得为而为之"应追究法律责任的事项可归纳为以下七个方面。

①不依法办事行为。第一,不依法设置会计账簿;第二,私设会计账簿;第三,未按照规定填制、取得原始凭证或者填制、取得的原始凭证不符合规定;第四,以未经审核的会计凭证为依据登记会计账簿或者登记会计账簿不符合规定;第五,随意变更会计处理方法;第六,向不同的会计资料使用者提供的财务会计报告编制依据不一致;第七,未按照规定使用会计记录文字或者记账本位币;第八,未按照规定保管会计资料,致使会计资料毁损、灭失;第九,未按照规定建立并实施单位内部会计监督制度,或者拒绝依法实施的监督,或者不如实提供有关会计资料及有关情况;第十,任用财务人员不符合会计法的规定。以上行为构成犯罪的,应依法追究刑事责任。

②伪造变造行为。伪造或变造会计凭证、会计账簿,编制虚假财务会计报告,构成犯罪的,应依法追究刑事责任。

③隐匿销毁行为。隐匿或者故意销毁依法应当保存的会计凭证、会计账簿、财务会计报告,构成犯罪的,应依法追究刑事责任。

④授意指使行为。授意、指使、强令财务机构、会计人员以及其他人员伪造或变造会计凭证、会计账簿,编制虚假财务会计报告或者隐匿、故意销毁依法应当保存的会计凭证、会计账簿、财务会计报告,构成犯罪的,应依法追究刑事责任。

⑤打击报复行为。单位负责人对依法履行职责、抵制违反法律规定行为的财务人员以降级、撤职、调离工作岗位、解聘或者开除等方式实行打击报复,构成犯罪的,应依法追究刑事责任。

⑥泄露检举人的行为。将检举人姓名和检举材料转给被检举单位和被检举人个人的,由所在单位或者有关单位依法给予行政处分。

⑦徇私舞弊行为。财政部门及有关行政部门的工作人员在实施监督管理的过程中滥用职权、玩忽职守、徇私舞弊或者泄露国家机密、商业秘密,构成犯罪的,应依法追究刑事责任。

3.职业风险管理

会计法赋予会计人员监督的使命,但会计人员又不属于执法者,而只是专业技术人员,使命与身份的差异,是会计职业特有风险的根源。首先是"依法办事、搞好服务"这一矛盾的职业道德约束;其次是会计人员行为规范的约束以及法律、法规的制裁,会计档案的最低保管期限一般为15年,在15年内发现问题还可以追溯责任。因此,会计职业属于高风险职业,高校财务管理部门及成员必须做好财务人员的职业风险管理。

(1)财务人员的职业风险。

高校财务人员职业风险分为内在风险和外在风险:内在风险主要是由于财务人员的专业水平、政策水平等个人素质问题而产生的风险;外在风险是社会大环境以及高校小环境对财务人员的影响而产生的风险。

①内在风险。

第一,经济风险。由于疏忽大意或业务不精、水平有限等技术问题,发生业务差错,导致经济损失,从而给个人和单位造成经济风险。

第二,法律风险。由于不熟悉国家财经法律法规,政策水平较低,不懂得什么能做什么不能做,只凭感觉或听从他人指挥做事,因盲目而发生违法违规行为,造成法律风险;或者财务人员由于受利益驱动,丧失了职业道德,做出了主动做假账等违法行为,造成了法律风险。

②外在风险。

外在风险来自于外部环境,因此只有在良好的社会经济环境以及遵纪守法、依法办学的高校内部环境下,财务人员的外部风险才会降到零。在不完善的经济环境下,财务人员的外部风险始终存在,归纳起来有违意风险和违法风险两类。

第一,违意风险。违意风险是指财务人员未按指使人或授意人的意图做出违反法律法规的会计事项,从而可能带来被打击报复的风险。

第二,违法风险。违法风险是指财务人员被指使或被强迫,按照指使人的要求做出违法违规的会计事项,从而可能带来被追究刑事责任的风险。

(2)财务人员的风险保护。

财务人员的内在风险可以通过个人努力,逐步精通业务和掌握经济政策来化解,通过职业道德教育和法律制裁来规范。财务人员的风险主要来自于外在风险,由于外在风险来自于环境和他人,因此不能通过自身努力来解决,需要改善环境,社会也应给予应有的风险保护。财务人员风险保护的主要途径有以下四种。

①完善会计法规。

高校财务人员是普通的专业技术人员,而不是最终决策者,却担负着与之身份不相符的执法者的使命,各项财经法律、法规必须由财务人员去执行和落实,显然责权不对等,责大于权。因此,必须完善相应的会计法律,降低财务人员的法律责任,提高与权力相当的其他人员的经济法律责任。2000年颁布的《会计法》已经作了修改,将单位负责人列为会计工作和会计资料真实性、完整性的责任人,为财务人员规避外在风险提供了最有力的保护。同时,要让违法者为违法行为付出更大的代价,而不是让财务人员承受更大的风险,以降低违法行为的发生,从而降低会计职业风险。

②改善会计执法环境。

有的高校简单地把财务人员列入服务人员的行列,将职责界定为为广大教职工服务,却忽略了法律赋予财务人员执行财经法律法规的职业使命。财务人员往往处于高校经济利益冲突的风口浪尖,在学校利益、个人利益和国家利益中,按照法律、法规与自身风险进行抉择和平衡。会计依法办事的执法环境不完善,执法困难,承受的压力和风险大,很少有人同情财务人员因执法而遭遇的不公。因此,需要各方面共同努力改善执法环境,在做好服务的同时保护财务人员依法办事的权力。

③完善经济责任制。

建立和完善校、院、系三级领导经济责任制,开展经济责任监督,降低会计风险。对新任各级领导干部进行会计法和其他财经法律法规的普及培训,了解自己的经济责任,避免违法违规行为的发生。在保护领导干部本人的同时,达到保护财务人员的目的。

④财务人员应加强学习和提高素质。

加强学习、提高自身素质是财务人员规避内在风险的最有效办法。政策水平高,业务素质好,在工作中减少差错,主动按国家经济法律法规办事,就可以最大限度地减少经济风险,并规避违法风险。

4.考评管理

(1)完善高校财务人员绩效考评体系。

规范管理,制度先行;制之有衡,行之有度。对高校财务人员进行绩效考评是加强学校财务管理的重要手段,也是高校人力资源开发与管理的重要内容。财务部门作为负责全校资金收支和安全的职能部门,肩负着规范管理和优化服务的双重任务,对其工作人员进行客观、公平和公正的考评,对高校的健康发展至关重要。目前,各高校普遍缺失专门针对财务人员的绩效考评制度,基本都是以学校统一制定的年终考核表代替,所谓的考评没有统一的衡量标准,甚至全凭领导单方认定,考评完全流于形式。因此,首先要建立和完善一套科学可行的高校财务人员绩效考评体系,并随着学校建设和发展要求,不断修正考评内容和重点。考评体系的设计要以调动全体财务人员的工作积极性、提高财务工作绩效为核心;考评的主体应该根据评价目的进行有针对性的多元化选择;考评标准也要区分绝对标准和相对标准,结合量化打分和语言描述,对高校财务人员的工作能力、工作态度和工作业绩等进行全面综合的评价。对高校财务人员进行绩效考评的最终目的是促进内部控制管理,规范学校经济业务。通过考评体系的完善,建立起个人工作贡献与业绩奖励、提拔晋升等相挂钩的管理机制,充分发掘高校财务人员的业务潜能和竞争意识,激发其工作热情和自信心,引导其不断提高业务素养和工作绩效。

(2)加强对高校财务人员的全面评价。

基于新时代下的社会变化和高等教育的特色发展要求,加强对高校财务人员的评价考核显得尤为重要。新时一期的高等教育越来越国际化,办学模式越来越多样,办学特色也越来越清晰。这就要求高校财务人员除了要熟练掌握基本的财务知识、计算机及财务软件操作技能和经济法规常识外,还要熟悉财务管理和管理会计理论,并灵活贯通,联系学校发展定位,通过成本效益衡量分析参与学校投资决策。现代高校财务人员还要具备一定的组织协调能力,要具有创新管理和服务的思想及眼光,能为学校发展建设出谋划策。高端的财务人员还要掌握一门常用外语,为高等教育的国际合作办学保驾护航。一方面,高校要打破常规,加强对聘用和晋升财务人员的静态综合评价,要吸引复合型、国际化背景的高端会计人才,选拔高学历、高职称、敢创新有担当的能干实干者,为传统的高校财务注入新的工作活力,同时还有利于激发内部人员的工作积极性和创造性;另一方面,要从业务能力、工作效率和道德水平等综合考核,加强对现有财务人员的动态评价,并根据评价结果适时调整人员结构和工作内容,促进其不断提高自身素质,最终提高学校财务管理的效率。

（3）加强对高校财务人员的科学管理。

要切实加强对高校财务人员的管理，提高财务人员工作信心和效率，既要有制度和组织方面的保障，也要有业务和文化方面的拓展。一方面，各高校要建立科学完善的内部控制规章制度，把学校的经济业务真正纳入重点管理领域；同时优化财务管理岗位，科学合理分土合作，规范财务人员轮岗换岗，并积极开展对财务工作的审计与评价。从制度、岗位、监督等方面多管齐下，规范财务工作，树立财务部门的客观、公正和权威性，从而为财务人员的自信奠定基础。另一方面，要积极加强对个体财务人员的常规教育和特殊岗位人员的令项培训，从经济政策、专业理论、实践操作、素质拓展和职业道德等全方位培养高校财务人员，切实提高高校财务人员的基本功和软实力。通过单位引领培养和个体主动充电，把激励与约束机制有机结合，奖优罚劣、去庸留贤，不断激发高校财务人员的潜力、自信和热情，提升高校财会队伍创新管理和服务能力。

第二节 财务人员岗位控制

财务机构（会计机构）的内部风险主要来自两方面，一是因财务人员及会计主管业务素质低而发生的差错或失误所带来的经济风险；二是财务人员职业道德缺失而发生的犯罪行为所带来的经济损失。这两种风险都跟管理不善和岗位控制不严有关，但经济犯罪比起差错和失误后果更加严重，如何防范犯罪行为的发生与提高财务人员职业素质同等重要。应当对人员进行合理的岗位分工，建立会计岗位经济责任制，实行岗位轮岗制度以阻断危害行为的惯性延续，通过设置账务处理程序，使业务在不同岗位之间互相监督，最终达到控制会计行为、降低内部经济风险、防范犯罪行为发生的目的。

一、会计岗位分工管理和控制

(一)会计岗位分类

根据高校财务工作的特点和会计信息化要求,按性质不同可将会计岗位分为五类。

1.行政或业务主管类岗位

(1)会计机构负责人岗位:财务处长、副处长;(2)会计主管岗位:业务科室科长。

2.财务管理类岗位

(1)预算管理岗位:预算编制、下达、调整、控制管理;(2)收入管理岗位:拨款申请、核对以及合同款催收管理;(3)学生收费管理岗位:学生学费、住宿费、考试考务费、报名费等各类事业性收费及代办费管理;(4)固定资产管理岗位:固定资产入库登记、报废处理、盘点清查管理;(5)票据管理岗位:各类票据的申购、领用、核销管理;(6)档案管理岗位:会计记账凭证、账簿、其他会计资料管理;(7)财务系统管理岗位:财务系统数据库维护、数据备份管理。

3.会计核算类岗位

(1)支出审核及制单岗位:原始凭证审核、录入财务电算化系统、生成记账凭证等;(2)会计报表岗位:年终决算报表填报、其他报表填报和财务报告撰写等;(3)科研项目核算岗位:科研项目原始凭证审核、录入财务电算化系统、生成记账凭证、会计账簿,科研课题结束后填制结题收支报表等;(4)基建项目核算岗位:基建项目原始凭证审核、录入财务电算化系统、生成记账凭证、会计账簿和会计报表等;(5)工资核算岗位:工资造册、发放或转入职工工资卡等;(6)材料核算岗位:对实验材料、教学材料、办公用品、维修材料等进行进出仓核算、盘点等;(7)往来款清算岗位:暂存暂付款和应收应付款的结算、清理和管理。

4.资金结算类岗位

(1)现金出纳岗位:现金或现金支票收付;(2)非现金出纳岗位:转账支票、网上银行电子支票收付、收款发票填制等。

5.稽核复核类岗位

(1)复核岗位:电算化流水作业中的原始凭证和记账凭证核对、付款支票核对等;(2)稽核岗位:所有财务管理和会计核算工作的抽查、核实。

(二)岗位分离与兼容控制

岗位分工明确后,根据《会计法》和《会计基础规范化》的要求,对不相容岗位进行分离控制,相容岗位可以进行兼容管理。

1.岗位分离控制

对不相容岗位进行分离,出纳人员不得兼任稽核、会计档案保管和收入、支出、费用、债权债务账目的登记工作。记账人员与经济业务事项和会计事项的审批人员、经办人员、财物保管人员的职责权限应当明确,并相互分离、相互制约。

2.岗位兼容管理

为合理配置人员,提高工作效率,对可兼容的其他会计岗位,可以一人多岗,也可以一岗多人。比如,一人身兼预算管理、收入管理等职务;支出审核及记账凭证制单岗位,由于工作量大,可以一岗多人,安排多个人做同一岗位的工作。

二、会计岗位责任制

(一)岗位责任制概述

1.岗位责任制的定义

岗位责任制是根据各个工作岗位的工作性质和业务特点,明确规定其职责、权限,并按照规定的工作标准进行考核及奖惩而建立起来的,要求做到规范岗位设置、明确岗位职责、强化岗位职责检查、实施岗位责任制考核与奖罚的制度。

2.岗位责任制的作用

第一,规范学校财务会计行为,强化会计核算和财务管理职能;第二,提高工作效率和服务质量,充分调动和发挥财会人员的积极性;第三,更好地履行会计核算、财务管理和会计监督职能,为教学科研行政后勤等服务,促进各项事业的发展。

3.岗位责任制的依据

依据《高等学校财务制度》《高等学校会计制度》《内部会计控制规范》《会计基础工作规范》及有关法律法规对会计机构职责、会计机构设置、岗位设置、岗位职责、不相容职务相分离的基本要求,结合单位财会工作的实际情况,制定岗位责任制。

(二)会计岗位设置的要求

第一,实事求是,充分考虑、体现高等学校的实际情况,使得可操作性强;第二,财务会计岗位设置力求"横向到边、纵向到底",岗位职责规范明确;第三,不相容职务相分离;第四,加强考核监督,奖惩结合。

（三）会计岗位职责的设定

会计岗位职责是指每个会计岗位应该完成的任务及应当承担的经济责任和风险，高校财务人员的岗位职责主要包括以下几个方面。

1.行政或业务主管类岗位职责

（1）财务机构负责人岗位职责。

财务机构负责人的岗位职责大体可归纳为以下内容：负责会计机构工作的职责；财务规章制度的制定、贯彻和监督职责；预、决算工作职责；收支管理职责；协调沟通职责；财务人员管理职责等。

第一，负责会计机构工作的职责，即在校长或主管财务副校长的领导下，全面负责财务机构工作，制订年度工作计划，参与学校经济决策及有关经济协议的拟订，对经济事项进行把关，当好管理层的经济参谋。

第二，财务规章制度制定、贯彻和监督职责，即贯彻执行《会计法》及其他财经法律法规、规章制度，根据学校的具体情况制定学校内部财务管理制度和管理办法，督促检查学校各项财务规章制度的执行情况。

第三，预、决算工作职责，即根据学校教育事业发展规划和《预算法》的要求，编制学校年度收支预算方案，初步审核学校财务预算编制情况、年终决算及报表编制情况，及时向有关部门及管理层提供财务报表和其他综合性财务资料。

第四，收支管理职责，即合法、合理地组织各项收入，按照勤俭的原则，节约使用预算经费，对各项支出口径及重大事项支出进行把关，提高经费使用效益。

第五，协调沟通职责，即负责同财政、税务、物价、银行等机构的联络以及同校内其他部门的沟通协调工作，负责审定对外提供的会计资料，定期或不定期地向校领导汇报财务收支情况，向校内各部门通报本部门预算执行情况。做好各科室、岗位之间的协调工作,使信息上传下达。

第六,财务人员管理职责,即负责财务人员职业道德教育,组织财务人员参加业务培训,为财务人员参加业务培训和自学创造条件,提高财务人员的技术水平和服务质量,实现会计管理科学化;监督检查财务人员履行职责及工作完成情况;应用现代信息技术,实现财务管理和会计核算的信息化、网络化;对本部门的会计工作,实行宏观控制和监督。

(2)会计主管岗位职责。

会计主管岗位职责主要包括:配合会计机构负责人做好各项业务;协调科室内部各会计岗位的工作;与其他科室进行沟通,协调相关工作;起草与科室业务相关的文件,接受各类检查;承担各岗位考勤统计和财务人员继续教育管理;负责做好学校资金筹集的具体工作等。

2.财务管理类岗位职责

(1)预算管理岗位职责。

负责编制学校年度预算、预算指标分解下达和预算调整;负责预算凭证的编制、审核、录入以及各单位的经费卡(或本)的制作和管理等工作;配合财务主管做好经费支出管理和部门经费预算控制,检查各预算执行单位的预算执行情况,定期对预算执行情况进行分析;负责二级学院的收入分配管理,以及学校财政账户的上缴、返拨及账务核对工作等。

(2)收入管理岗位职责。

负责申请财政预算拨款,核对预算拨款进度,以及各类收入款项的催收和入账工作等。

(3)学生收费管理岗位职责。

负责学生学费、住宿费、考试考务费、报名费等各类事业性收费及代办费的管理工作。办理收费标准的申报、收费许可证的变更和年检,保管好收费文件。与招生部门配合,及时获取新生名单,建立学生收费数据库,做好学生收费的入账和数据库管理工作。负责学费的收取、退回及票据打印、发放、统计、催缴以及收费软件的管理等工作;报告学生收费进展和学生欠费情况;处理学生退学、休学、转专业等情况的学费结算。负责奖学金、助学贷款等的发放;配合学生资助管理中心做好学生助学贷款的相关工作等。

(4)固定资产管理岗位职责。

负责审核固定资产申购的手续;办理固定资产入库登记、建账、立卡;定期进行固定资产盘点和清查,对报废资产办理报废手续并予以处理;进行固定资产账与实物的核对等。

(5)票据管理岗位职责。

负责财政和税务各类发票的申购和管理,校内领用票据的审核和登记,办理使用后的票据核销手续;负责物价、税务部门的年检、年审工作等。

(6)档案管理岗位职责。

负责会计记账凭证、账簿、其他会计资料的打印和装订;负责会计档案的整理、立卷、归档和查阅等工作;负责文件的签收、处理、装订、立卷、保管和归档工作等。

(7)财务系统管理岗位职责。

负责财务系统数据库软硬件运行情况的检查和维护,及时排除运行过程中发现的故障,确保系统的正常运行;根据财务软件的特点和学校的财务要求,及时对财务软件进行设置和更新;负责财务处数据及各类电子账表凭证、资料的备份,做好财务电子数据的整档、存档工作等。

3.会计核算类岗位职责

(1)支出审核及凭证制单岗位职责。

严格要求财务人员按照会计法、《会计基础工作规范》和国家及校内各项财务规章制度,办理会计核算业务;审核原始凭证、录入财务电算化系统、生成记账凭证、打印记账凭证。负责接受内部核算单位的账务查询、业务咨询等。

（2）会计报表岗位职责。

负责编制会计月报、年终决算报表，负责撰写财务报告和报表数据的分析工作等。

（3）科研项目核算岗位职责。

负责学校科研（含纵向、横向）项目经费的核算与管理，科研项目原始凭证审核、录入财务电算化系统、生成记账凭证和会计账簿；控制经费的使用和支出，查询科研经费的使用情况；科研课题结题后，负责填制结题收支报表等。

（4）基建项目核算岗位职责。

负责学校基建项目会计审核、录入及相关账户的处理；对基建资金的使用情况提出分析和建议；参与基建项目的招投标、工程项目的预决算工作，参与起草有关基建项目资金支出的财务规章制度等。

（5）工资核算岗位职责。

负责工资、奖金津贴等清册的打印，并发放或转入职工工资卡，以及个人所得税扣缴、申报及相关报表的填报等工作；职工各类社保的缴交；职工公积金的汇缴、转移、调整和支取等工作。

（6）材料核算岗位职责。

对实验材料、教学材料、办公用品、维修材料等进行进出仓核算；制订材料采购计划，根据材料管理办法的规定，办理出入库手续；定期和保管员进行仓库材料盘点，每月上报材料变动、消耗明细表等。

（7）往来款清算岗位职责。

暂存暂付款、应收应付款的结算和清理；发送债权债务核对函，及时结清学校的债权债务。

4.资金结算类岗位职责

（1）现金出纳岗位职责。

负责现金或现金支票的收付，按《现金管理暂行条例》的规定,根据复核人员打印并签章的收付凭证,办理款项收付业务;将每日收入的现金及时存入银行,每日登记现金日记账,日终现金盘点,做到日清月结;做好有价证券的保管等。

（2）非现金出纳岗位职责。

负责银行账号和银行支票的管理;做好转账支票、网上银行电子支票的收付工作,并及时记账;每日终了登记银行存款日记账,核对当日收付款项,随时核对银行存款余额,做到日清月结;月末及时对银行对账单进行核对,填制银行余额调节表,及时处理未达账项;负责支票的保管及收款票据填制。

5. 稽核复核类岗位职责

（1）复核岗位职责。复核电算化流水作业中的原始凭证,核对记账凭证科目和金额,核对付款支票金额和账号等。（2）稽核岗位职责。对所有财务资料进行稽核。

（四）会计岗位考核和奖惩管理

（1）考核管理。一年考核一次,按"德（职业道德）、勤（出勤及敬业）、能（工作能力）、技术（专业技术水平）"等指标进行考核。考核应经过自我评价、其他工作人员评价、业务主管和机构负责人评价的程序,最后进行综合评价。

（2）奖惩管理。根据岗位考核情况,制定相应的奖惩办法,对于尽职尽责人员给予奖励,对不能尽责人员给予一定的惩戒。

在具体措施上,对工作表现好、岗位考核优秀的财务人员除给予一定经济上的奖励外,在职称评聘、升职等方面应予以优先考虑。对于工作表现不好、岗位考核差的财务人员,除了扣除奖金外,可以考虑轮岗到其他适合的非会计岗位。

三、会计岗位轮岗制度

为了加强各岗位之间的相互学习,了解和掌握每个岗位的具体业务特点,全面提高财务人员的综合素质,财务人员应在各会计岗位之间进行定期轮换,即实行轮岗制度。会计轮岗一般为2~4年轮换一次。

(一)财务机构负责人轮岗

在高校会计轮岗中,最为棘手的问题是财务机构负责人轮岗:如果财务机构负责人是财务专业人员,那么轮岗到其他部门会专业不对口;如果是非财务专业人员的其他部门负责人轮岗到财务机构,则会因为专业不熟悉,不利于高校财务机构的管理。因此,财务机构负责人由财务部门内部培养和替换,不失为一个可以权衡利弊的办法。

财务机构负责人轮岗,一般三年一次,最长不应超过六年。从高校财务管理的实践看,在负责人的岗位上时间太长,人会变得麻木和惯性,即使出现经济风险也很难发觉。在岗时间越长,积累的管理漏洞和不完善问题可能越多,出现经济风险的概率也会增大。如果六年内进行岗位轮换,工作中的漏洞和风险就会因岗位的轮换而被发现或阻断,高校可以避免由此带来的经济损失和不良影响。

(二)财务主管(科级干部)轮岗

财务主管(科级干部)轮岗,可以在财务机构内部进行,也可以根据个人意愿轮岗或提升到其他部门,不再从事财务工作,但轮岗到其他部门的人员除非不是专业人员,否则对财会队伍的建设不利。为了与财务机构负责人轮岗相互协调,财务主管三年轮岗一次比较合适。

(三)一般财务人员轮岗

一般财务人员轮岗主要还是在财务机构内部进行,财务部门可供轮换的会计岗位较多,因此一般财务人员轮岗的时间不应太长,2~3年轮岗一次比较好,可以全面了解各岗位的工作。

四、财务岗位处理程序制度控制

对每个财务岗位的工作事项进行排序,按预先设定的岗位程序进行财务处理,就是财务岗位处理程序制度。财务岗位处理程序制度可以更好地规范和约束各个岗位财务人员的行为,起到岗位之间互相监督和控制的作用,确保防范个人不良行为产生的制度环境。

"授权审批系统"对财务事项进行审批后,就进入"财务部门管理系统"进行财务处理,财务部门管理系统必须对内部财务岗位处理程序进行设定。财务岗位处理程序为流水作业式的操作规程,只有在前一岗位财务事项处理完毕后,后一岗位才能接着处理。在岗位处理程序中,经费预算岗位、审核和记账岗位、出纳岗位、复核岗位、实物管理岗位等不能由同一人独立完成,必须由不同的人负责,以达到明确责任、分割权力、不同岗位之间互相监督和制约的管理目标。财务岗位的处理程序一般进行如下设定。

财务软件系统管理岗位对管理系统进行科目名称及代码初始设置、对预算项目进行项目名称及代码初始设置;预算管理岗位把各项目年度预算数录入系统;会计审核岗位对原始凭证按要求进行审核(包括工资、收入、收费、各项支出、投资、固定资产增减、材料购入及领用等);记账凭证制单岗位对审核后的原始凭证进行系统录入(制作记账凭证);复核岗位对原始凭证和记账凭证进行复核—现金出纳岗位进行现金收付或非现金岗位进行支票转账;复核岗位核对收付情况—记账岗位进行系统记账并自动生成会计账簿;稽核岗位对整个财务处理情况进行稽核。

第四章　高校财务内部审计

经济全球化进程不断推进,我国教育领域全面深化改革,为我国高等教育财务管理带来了新的机遇和挑战,而高校财务内部审计作为财务管理的重要组成部分也必须适应时代要求,及时做出转变。面对新形势新任务,我国高校内部审计应以更坚定的信念去除旧革新,用崭新的姿态去迎接全面深化教育领域综合改革时代,才能够充分发挥审计的制约作用和促进作用,为我国高校健康可持续发展保驾护航。

第一节　开展高校财务内部审计的必要性

一、高校内部审计存在的问题及形成原因

虽然高校内部审计是一项推进高效健康持续发展的重要工作,但我国高校审计存在缺少专职审计人员、缺乏审计意识、审计规章制度不健全等问题,这就导致高校内审工作开展不全面,审计质量不高,没有全面发挥内部审计在高校快速发展中的保驾护航作用。

(一)高校内部审计存在的问题

1.内控审计不在岗

随着我国高校建设越来越完善,当前已经建立了比较健全的

内部控制制度,从整体上看高校内部控制制度已经全面涵盖了全校所有教学科研、教辅后勤和行政管理活动,涉及每一个业务环节。高校设置内审的主要目的是通过内审对内控制度的健全完整性、内控执行的严格遵从性、内控执行效果的合理有效性进行审计,以及时防止、发现、纠正其存在的缺陷、漏洞和违反内控或凌驾内控之上的不良行为。但是高校本身由于缺乏严格有效的内控管理体系,加上内审部门人少事多,素质低能力差等因素导致其根本没有对本校的内控设计、执行情况及执行效果进行审计,内控审计根本不在岗。

2. 工程审计不科学

近年来,我国高校持续扩招,高校在校生越来越多,高校的规模也持续扩大,为了打造更好地校园环境,高校积极开展硬件设施建设,改扩建工程也越来越多,每年高校内部的房屋修缮维护工程也逐步增多,高校内审顺应时势需要也实时开展了工程审计,但因其缺乏工程审计专业方面的专职人员,缺乏工程审计专业知识和经验,并且没有全面参与整个工程的施工过程,在工程结算阶段以施工方报送的工程预算报表和相应施工资料为依据,简单地以工程概预算为标准开展工程完工后的审计,对追加的工程预算简单地以领导批字为认可标准,从而使得高校内部工程审计重形式走过场,工程审计程序极不规范,审计方法极不科学。

3. 经责审计不规范

在高校中,对本校正处级干部调动或离任进行经济责任审计是比较频繁的审计业务,这是高校自身特征决定的。高校开展经济责任审计最终目的是经过审计分清经济责任人任职期间在本部门经济活动中应当负有的责任,无论是在保护高校资产安全完整方面,还是在促进高校廉政建设方面都发挥了极大的作用。但因缺乏完整的经济责任审计评价体系,评价标准不适当,评价范围不全面,内审力量较薄弱,人为意识太浓和审计资料残缺不全等原因导致高校内部经济责任审计有时对人不对事,有时走走过场作作秀,加上都是事后的"处级审处级"和掺杂了各种人为因素,导致高校内部经济责任审计极不规范,最终审计结果要么定责不准,要么定责模糊,要么定责不服。

4.预算审计不到位

(1)目前,我国高校内审并没有全程参与本校《省级部门预算》编制和《校级综合财务预算》编制,也就是说,高校内部审计并没有对高校预算编制进行科学有效的全程监督。本校《省级部门预算》和《校级综合财务预算》的编制全由高校财务部门说了算,校内没有任何组织机构对其编制的合理性、科学性、可行性、完整性进行审计评价。

(2)高校每年的省级部门预算和校级综合财务预算执行情况分析、评价都是财务部门负责,高校内审部门每年都向本校财务部门索要预算执行情况分析报告和数据。由此可看出,高校内审部门根本没有履行对预算执行过程进行监督、评价的职责,根本不能发现、纠正预算执行过程中存在的错误与舞弊行为,无法指导、督促高校预算的执行。

(3)高校财务部门负责高校年终决算工作,通过数据统计科学地评价和分析高校当年省级和校级预算执行情况,这是高校财务管理的一项重要内容,但我国大部分高校内审部门对此不闻不问,即便是过问,也是到财务部门要数据,简单确认预算是否超支,没有承担对这项工作的监督、评价、考核奖惩职责。

5.绩效审计难落实

建立健全高校教育资金绩效审计与评价是新形势下高校经济管理科学化、精细化的必然要求,是建设高校效能机关的重要抓手,是转变机关工作作风,源头防止和治理腐败的核心环节,是全面推进高校绩效管理提高教育资金使用效益的关键举措。但当前高校内审基本没有开展教育资金绩效审计与评价。部分高校内审虽开展了资金绩效审计,但还属于刚起步阶段,因资金绩效审计体系不完善,绩效审计规章制度不健全,审计评价依据不充分,审计评价指标不科学,审计评价内容不完整以及绩效跟踪审计机制缺失等原因使高校内审开展的资金绩效审计与评价难以落实到位。

(二)高校内部审计问题原因分析

1.结构缺乏权威性,专职人员少

我国高校虽然开展内部设计工作,但高校内审机构缺乏独立性和权威性,因为这些机构均是与监察、纪检部门合署办公,内审机构职能在很大程度上被弱化。同时,高校专职内审人员少,年龄老化,知识单一,更新缓慢,缺乏深厚的审计专业知识,处于边学边干、边干边学的状态,审计业务素质和职业道德不高,法律法规意识不强,对审计的程序和方法理解不透,再加上高校经济业务越来越多,各种违法违纪手段越来越隐蔽,现有内审人员很难在审计过程中发现问题,有时即使发现了问题也会因徇私情、怕打击报复等各种有罪不敢查清,或不想查清,或难以查清,查清了也难以处理彻底等,从而导致审计结果质量不高、效果不好,无人重视,审计权威性树不起来。

2.技术水平低,审计层次低

我国高校内审手段单一,方法落后,大部分内部审计工作没有实现现代化办公,人工状态费时费力,严重影响内审效率,并且人力调查取证的难度也比较大。部分高校虽引入计算机辅助审计技术,但因人员素质和业务技能的限制并没有充分发挥出计算机辅助审计在网络管理、数据处理上的优势,审计工作效率不高。再加上高校内审还停留在事后的财务收支审计和经济责任审计层面,以财务数据为核心,把内审界定在合法合规性审计层面,既没有根据高校实情开展事前、事中跟踪审计,也没有向管理审计、

绩效审计、内控审计和服务审计方面发展和延伸,审计层次较低,效果较差。

3.缺乏健全机制制度,内审不严格

当前高校内审体制不健全,机制不灵活,规章制度不完整,内审程序不规范,缺乏一个有机的内审法规体系。每个高校只制定了本校线条很粗的内审办法或规定,而具体的诸如预算审计规章制度、办法措施和规范流程,专项经费支出审计规章制度、办法措施和规范流程及审计整改检查制度、审计结果运用规定等目前还是一片空白。

高校内审缺乏独立性和权威性,导致高校内部人员没有清晰的内审意识,内审法制不完整、评价标准不适当、工作程序不规范以及其他各种人为因素的影响导致内审有时对人不对事,有时对事不重视,审计无规定,评价无标准,讲人情,走过场,重形式,轻实质,审计的随意性大,审计结论弹性大,不够严格。

4.内审意识差,缺乏权威性

(1)一般情况下,由校纪委书记领导相关人员开展高校内审工作,虽然校纪委书记负责内审,但学校总体管理工作是由书记、校长等领导开展的。因此,内审工作是否被重视,是否真正起到制约和促进作用,关键取决于校长、书记的态度和对内审工作的重视程度。

(2)高校内审缺乏超然的独立性和权威性。当前高校内审部门与内部其他职能部门同级,出现"同级审同级,熟人审熟人",诸多因素导致高校内审在审计过程中无法客观、公正、独立地进行审计检查、判断、分析和决定,内审业务不独立,结论受影响。

(3)高校内审没有渗透到高校运行的各个环节,没有充分发挥自身的制约作用和促进作用,高校教职员工对高校内审的重要作用并没有形成共识,普遍认为内审碍手碍脚,不利于教学科研快速发展,没有任何部门或个人主动申请内审。主动接受审计的意识差,主动要求审计的意识更差。处级干部经济责任审计是被逼的,大家恨审计,怕审计,迫于无奈被审计。

二、加强高校内部审计的必要性

随着我国高校加强对财务管理的重视,财务内部审计作为一项重要内容也越来越受重视,目前,我国大部分高校都设置了内部审计处级机构—监察审计处,并为其专门配备了内部审计专职人员,对高校经济活动的合法合规性和廉政建设确实起到了一定的监督作用。

第一,高校内审具备制约作用。高校内审利用其特有的功能对其内部各职能部门和高校整体的财务收支情况、预算执行情况、内部控制执行情况及相关经济管理活动开展情况进行监督、检查,把现实经济活动中存在的贪污舞弊、弄虚作假等违法违纪行为揭发出来,并依法对相关责任人员执行经济裁决或提请给予行政处分或刑事处罚,给违法违纪人员予以沉重的、毁灭性的打击。这样既惩处了违法违纪人员,纯洁了干部队伍,又给予想要违法违纪的人以强烈的警示,"只要敢伸手,一定会被捉",更给予遵纪守法的人以正义的鼓励,使广大职工从中受到深刻教育,实现"查处一例,教育全体"的目标,从而不仅能够做到纠错防弊,堵塞漏洞,揭露和打击违法行为,还能保护干部,增长反腐倡廉风气,保证党纪国法、规章制度等的严肃和贯彻执行,保护国家财产的安全完整,促进高校健康可持续发展。

第二,高校内审具备促进作用。通过科学的高校内部审查可以准确地揭示经济活动中存在的各种问题,还可以定位管理制度上的薄弱环节。基于此,通过高校内审可以有针对性地提出改进建议和措施,促使高校进一步规范会计核算,健全规章制度,提高管理水平和资金的使用效益。

就目前我国高校内部审查的发展来说,存在范围不全面、措施不到位等问题,同时高校内审的力度也需要进一步加强,对于有问题的环节应该实施更严厉的处罚,而正因为高校内审存在这些问题,导致高校内审只是基本发挥了制约性作用,而促进性作用基本没有发挥。随着社会经济发展越来越快,风险越来越多,经济问题层出不穷,高校内审承受着前所未有的压力和重担。在党的十八届三中全会关于全面深化教育领域综合改革的重大决策指引下,只有强化高校内审,进一步改革高校内审体制机制,健全内部审计规章制度,规范内审管理,全面突出内审的独立性和权威性,充分发挥内部审计的制约性和促进性,才能促使各级领导干部不断增强法制意识和经济责任意识,增强严格执行财经法纪的自觉性,才能为高校长治久安健康可持续发展保驾护航。

第二节　强化高校财务内部审计的措施

一、建立高校内部审计监督控制系统

高校财务健康运行的一个重要保障就是建立健全高校内部监督系统。具体来说,高校内部监督包括两个部分,即内部会计监督和内部审计监督。内部会计监督是财务部门管理系统内部防错、查错、纠错的主要形式,包含在财务复核、稽核岗位及控制流程中。内部审计监督是内部监督的主要形式,内部审计监督的范围为高校一切经济活动,包括授权审批审计监督、财务审计监督、经济法律文书审计监督、采购和招标审计监督等。内部审计监督控制的优点是对审计环境比较熟悉,更容易了解审计事项的来龙去脉,可以节省时间,提高工作效率;内部审计监督的不足之处是缺乏独立性,高校内部审计是在管理层的领导下开展工作,审计人员在审计过程中难免会受到本校各种利益关系的限制,从而影响审计工作,使审计结果缺乏客观性。

（一）授权审批审计监督

授权审批审计监督的作用是对授权审批管理系统的实施情况进行监督，也就是以分级管理经济责任制为基础，科学地审计监督审批人的职责和权限的履行情况。授权审批审计监督的形式以内部经济责任审计为主。由于高校审计部门属于学校内部监督部门，其职权只能审计监督管理层以外的二级学院、部门及单位的负责人即中层干部。高校管理层的经济责任审计由政府审计部门负责。内部经济责任审计是高校通过对二级学院、部门及单位负责人任职期间，在管理职责范围内的经济审批及有关经济活动和国家财经法律法规执行情况负有的责任，进行内部审计，并通过单位的经济活动记录来查证被审计人员所承担的经济责任，做出内部审计评价。

1. 经济责任审计监督依据及范围

开展经济责任审计监督的一个重要前提是具备相应的监督依据，同时必须明确审计监督的对象及范围，只有这样才可以有效实现高校经济责任审计监督。

（1）获取高校经济责任审计监督依据。经济责任审计监督的依据是高校分级管理经济责任制度及授权审批管理制度所授予的权限和职责。

（2）明确高校经济责任审计监督对象和范围。经济责任审计监督的对象为高校部门、二级学院及单位中具有审批权限和经济管理职权的负责人，因此审计监督的范围是被审计人员（即负责人）所管理的本部门、本学院和本单位所有审批的经济事项及经济活动。

2. 经济责任审计监督内容和程序

高校经济责任审计监督对象比较特殊，是具有一定行政管理权力的特殊群体，对这些对象进行经济责任审计监督，会将监督结果作为对其进行干部考核的一个重要依据,因此审计监督程序和审计监督内容与一般审计监督有所区别,应重点监督被审计人的经济行为。

(1)经济责任审计监督内容。

经济责任审计监督的重点是被审计人员的审批行为及经济活动的合法性、合理性。合法性即审批事项及经济活动是否符合法律法规和学校的规章制度;合理性即审批行为及经济活动是否遵循效率和效益原则。

①合法性情况。被审计人员的审批行为及经济活动过程是否遵守国家财经法律法规和财务规章制度,有无违规审批等问题。

②资产管理情况。固定资产的购置、使用、处置和管理是否符合程序;高校的财产是否存在私自出租、出借、无偿转让等情况;设备购置、基建工程项目是否按照有关规定进行招标程序,投资项目是否经过充分论证和严格的审批程序。

③经济合同签订情况。学院或部门对外签订的经济合同审批手续是否完整;合同条款是否符合学校利益,是否存在合同条款损害学校利益等情况;债权、债务是否清楚,有无纠纷和遗留问题。

④被审计人员财务审批的真实性和有效性情况。审批事项是否符合职权范围,授权委托手续是否完善,有无越权审批、不按计划审批或不符合制度规定的审批行为。

⑤单位财务收支执行情况。被审计人员所管理的单位各项资金收入的真实性、合法性情况,有无违规收费,各项收入是否纳入学校财务统一核算,有无隐瞒、截留、私设"小金库"的行为;各项支出及补贴的发放是否符合规定与真实,有无超标准、超范围支出,有无虚列支出、滥发钱物等问题。

⑥经济决策情况。被审计人员经济决策是否符合规定程序,重大经济活动事项是否实行了集体讨论决策,效果如何,有无重大失误,经济目标的完成情况等问题。

（2）经济责任审计监督程序。

高校进行经济责任审计监督需要按照一定程序进行，并由组织部门委托审计部门实施，通过加强审计监督的程序化可以有效提高经济责任审计监督的科学性和真实性。

第一步，由组织部门提出书面委托，经管理层分管领导批准，由审计部门对被审计人员进行任期、任中授权审批等经济责任审计。

第二步，审计部门在接到组织部门提出的委托书后，办理审计立项，制定审计实施方案，在实施审计的前三日向被审计人员及所在单位送达审计通知书。

第三步，被审计人员及所在单位，在接收通知书后，需要按照审计要求及时提交相关的审计资料。被审计人员应根据经济责任审计内容，准备书面述职报告。

第四步，审计组进场实施审计时，被审计人员应向审计组提交述职报告并进行述职，同时审计部门在其所在单位进行审计公示，并听取有关教职工的意见。在实施审计的过程中，要做好审计工作底稿。

第五步，在审计组全部完成现场审计后，需要对审计工作底稿进行有序整理，并根据现场审计结果出具审计报告初稿。

第六步，征求被审计人员及其所在单位对审计报告的意见，被审计人员及所在单位对审计报告提出书面意见。经审计组核实意见后，审计部门将审计报告及所在单位的书面意见，报送管理层主管领导审批。

第七步，在审计报告得到批准后，需要将其提交给委托审计的组织部门，同时要将审计报告送达被审计人员及其所在单位执行。审计报告由高校有关部门归入被审计人员（干部）档案。

（二）财务审计监督

高校内部财务审计监督是指内部审计部门按照相关法律规定对高校及其所属独立核算单位进行监督和评价，并根据财务审计监督结果提出建设性意见。具体来说,高校内部财务审计监督是指对高校及其所属独立核算单位各项资金的筹集、管理、使用的真实性、合法性和效益性所进行监督和评价。高校财务审计监督是对财务部门管理系统进行的监督控制,包括校级财务机构和二级财务机构,重点监督财务部门管理系统财务收支的合法性、真实性和效益性。内部审计部门应根据《教育系统内部审计工作规定》的要求进行财务审计监督。

1.财务审计程序

(1)确定审计计划。

首先,审计部门根据学校管理层的要求或按照审计工作计划,确定当年被审计的内部单位和审计项目。其次,选派人员组成审计组,编制审计工作方案,包括审计对象、时间、内容等。最后,向被审计单位发送审计通知书。

(2)实施审计监督。

首先,财务部门需要按照要求提交被审计项目的相关资料,包括项目账簿、会计凭证、制度等资料,以及有关财务管理、会计核算、内部管理制度等文件资料,被审计年度会计凭证、会计账簿、会计报表等资料,与审计项目有关的经济合同、协议,以及其他有关财务收支的资料。其次,审计组实施审计,填写审计工作底稿,取得审计证据。最后,审计组对收集的审计证据及审计工作底稿进行整理、归纳、汇总,并在此基础上进行科学分析。

(3)编写审计报告。

首先,审计组编写审计报告,审计报告的主要内容包括基本情况、审计发现的主要问题、审计处理情况和建议、问题的整改情况等。其次,审计组征求被审计单位对审计报告的意见,并根据反馈的意见对有关问题进行核实、修改或复议。最后,审计组出具审计意见书或审计决定,经审计部门审定并签发。

(4)进行审计整改。

被审计单位需要将审计建议或审计建议书、审计决定书的落实情况报送审计部门。审计部门则需要对其中比较重要的审计事项的落实情况进行跟踪,实现重要事项的跟踪审计。

(5)审计材料归档。

高校内部财务审计部门在审计项目结束后,需要对项目相关审计材料进行整理和归档,并建立审计档案,这种方式有利于对审计项目进行有序管理。

2.校级财务审计的内容

(1)基本情况审计。

①财务规章制度和内部管理制度是否健全,执行是否有效。②财务管理部门内部不相容岗位是否分设,并相互控制与制约;会计核算是否符合会计法规、会计制度和学校的规章制度。③财务管理体制与运行机制是否符合国家的有关规定;学校财务工作是否实行统一领导,是否按规定设置财务管理机构并配备合格的财会人员。

(2)预算审计。

①高校各项收入和支出是否按照财务预算执行,收入和支出是否真实,是否存在违法违规行为,会计核算是否符合会计制度,预算执行过程中的控制是否有效。

②预算编制的原则、方法及编制和审批的程序是否符合国家、上级主管部门和学校的规定;各项收入和支出是否全部纳入预算管理,有无赤字预算;预算调整是否按规定的程序办理并经批准后执行,有无调整项目的原因及金额的详细说明。

③判断高校预算的执行情况,观察实践与预算编制中是否存在差异,如果预算执行情况与预算编制中差异较大,需要及时分析造成这种现象的原因。

(3)收入审计。

①判断高校是否筹集到可以满足自身正常运行需要的资金,是否在财务执行过程中保持合理的资金结构。②学费等收费收入是否按规定实行收支两条线管理,并按规定使用财政部门统一

印制或监制的收费票据,是否按有关规定将应当上缴的收费收入及时足额上缴财政专户。③收入入账的完整性。各项收入是否及时足额到位,有无隐瞒、截留、挪用、拖欠或设置账外账、"小金库"等问题。④财务收入来源的合法性。事业性收费的项目、标准和范围是否经物价部门批准,有无擅自增加收费项目、扩大收费范围、提高收费标准等乱收费问题。

(4)支出审计。

①研究投资项目的可行性,判断高校的投资方向和规模的合理性,研究高校运行的资金配置是否有效。②专项资金是否专款专用,有无挤占、挪用等问题。③支出是否有效益,资金使用率情况,有无结余很大或损失浪费等问题。④支出是否合法,是否按照国家、上级主管部门和学校规定的支出范围和标准执行,有无超标准、超范围支出等问题。⑤支出是否真实,是否按预算执行,有无超预算、超计划等问题;有无转移、虚假发票报账、违反规定发放钱物等问题。

(5)资产负债审计。

①审查高校是否按照相关法律规定管理现金及各种存款,银行开户的真实性、合法性,内控制度是否健全,日常资金管理是否安全,有无公款私存等情况。

②对外投资是否按规定经有关部门批准或备案;与被投资企业的产权关系和经济关系是否明确;以实物或无形资产对外投资是否按规定进行资产评估,有无资产流失、投资失误等问题;收益处理是否合法。

③教学和实验材料有无按国家政策和学校规定进行采购,验收入库、保管、领用是否按照规定的程序办理;有无定期清查盘点,账实是否相符,盘盈、盘亏是否及时调整,调整是否符合有关规定。

④审查高校是否及时清理、结算项目往来款项(包括应收或暂付款、应付或暂存款);是否有长期挂账形成的呆账、坏账;无法收回的应收和暂付款项的核销是否按照有关规定和程序执行,核

销是否查明原因、分清责任；对各项负债是否及时清理并按照规定办理结算，是否在规定的期限内归还或上缴应缴款项；债权、债务是否清楚，代管款项是否符合规定，有无将学校收入转为代管款项的情况。

⑤需要明确固定资产的购置是否有招、投标程序和审批手续，审查资产的报废、调出、变卖等处置行为是否严格按照相关规定进行，是否获得有关部门的审批，资产有无被无偿占用或流失等问题；固定资产是否进行定期或不定期的清查盘点，盘盈、盘亏是否及时查明原因，并进行相应的账务处理，账账、账卡、账物是否相符；无形资产的管理是否符合有关规定，转让、购入、捐赠和投资的无形资产是否按规定进行评估；资产的账务处理是否符合《高校会计制度》的规定。

（6）净资产审计。

①各项专用基金的管理是否符合国家和同级财政部门的规定；职工福利基金和学生奖贷基金、勤工助学基金等是否按照规定的比例提取。②各项专用基金是否专款专用，是否按照规定的用途使用，使用效益如何，会计核算是否符合规定。③事业基金管理是否按规定进行，其中一般基金和投资基金的会计处理是否符合会计制度的规定。

（7）年终决算及报表审计。

①审查高校在编制年度决算和财务报告时，其原则、方法、程序以及事先是否符合财务制度的规定和上级主管部门的要求。

②财务情况说明书是否真实、准确地反映了学校年度财务状况，对本期或下期财务状况发生重大影响的事项是否真实有据。财务分析的各项指标是否真实、准确。

③审查高校是否按照《高校会计制度》的规定进行年终收支结转，是否根据结余类型进行分别处理和单独反映。收支结余是否按照《高校会计制度》的规定进行分配结转，是否按照有关规定提取各项专用基金，有无多提或少提等问题。

④年度决算和财务报告的内容是否完整，资产负债表、收入

支出表的数字是否与会计账上的科目余额表一致,有无隐瞒、遗漏或弄虚作假等问题。

3.二级财务机构及独立核算单位财务审计的主要内容

(1)二级财务机构审计。

会计机构建立和会计人员的配备是否符合《高校会计制度》规定,会计基础工作是否规范,会计手段、工作环境以及队伍建设是否符合实际需要。会计账簿设置是否规范,内容是否完整、真实、合法,记录是否及时、清晰、准确。会计凭证的填制是否符合要求,所反映的经济内容及会计处理是否真实、合法,会计凭证的审核、传递、归档是否符合规定。

(2)独立核算单位财务审计。

独立核算单位是由二级财务机构管理的,其具有十分多样的组织形式,不同的独立核算单位采用的会计制度也不尽相同。具体来说,独立核算单位的主要组织形式包括事业性质的校医院、自收自支的非营利性质的服务单位、学校办的企业或集团、参股的公司等。一般情况下,校医院采用医院会计制度,公司制的企业采用企业会计制度等。对独立核算单位的财务审计,应根据每个单位的性质不同而有所差别或侧重。

①各项经济合同的合法性、合理性,合同的要素是否完备,特别是涉及基本建设、物资购销、重大投资活动的合同是否存在损害国家和学校利益的情况。

②各项资产是否真实、账实相符,增减变动是否真实、合法,计价方法是否一贯,相关业务的截止是否准确,资产是否为企业所有并安全完整、保值增值。

③各项收入是否进行了完整、真实、准确的记录和会计处理,相应的款项是否及时收回,有无截留资金形成账外资金等问题。

④各项税金的计提、计算是否符合税法,对各项税收减免政策是否正确、充分使用,税金的缴纳是否符合要求。

⑤各项支出是否合理,成本费用是否配比,重要的支出是否

经过授权,重大支出的内部控制是否健全、有效。

⑥所有者权益各项目的形成、计提、使用等增减变动是否合法、真实,相应的会计处理是否符合规定。

⑦利润的计算是否正确,是否符合法定程序,有无隐瞒、夸大等人为调节利润的问题,利润分配是否符合规定,是否经各投资方认可。

⑧各项债务的形成、管理、清偿是否符合会计核算的要求,计算是否准确。各项收入、支出、资产、债务在会计报表上的反映是否真实、恰当。

4.财务人员的监督

对高校财务审计进行监督还需要对相关财务人员进行监督,这主要是指相关审计部门要对财务人员的经济行为进行监督,审查财务人员的经济行为对学校经济管理和运行效率的影响。

(1)财务人员行为规范监督。

财务人员行为规范监督,是保护财务人员、防范职务犯罪、降低高校经济风险的保障。财务人员职业操守是否遵循职业道德规范。是否做到行为规范所要求的"该为"的作为和"不该为"的不为。

(2)财务人员岗位控制设置监督。

财务人员素质和岗位设置将直接影响财务管理的效果,对财务人员素质和岗位设置进行监督,有利于提高财务管理水平。

对财务人员岗位控制设置监督的主要内容包括:财务人员是否符合会计法规定的从业资格和条件;会计不相容岗位是否分离;会计人员有无进行定期的轮岗和培训。

(三)经济法律文书监督

对于高校来说,在其运营中涉及最多、使用最广的经济法律文书就是经济合同。一般来说,高校的经济技术合作、投资、贷款、联合办学、资产出租和转让、承包经营、用水用电、物资采购、工程项目承建、物业管理等都需要签订。总体来讲,合同可以分为收入类经济合同和支付类经济合同两大类。收入类经济合同包括经济合作合同、联合办学合同、资产出租合同等,这类合同可以收取合作费、学费、租金等收入或收益。收入类经济合同是合同管理和监督的重点。支付类经济合同包括物资采购合同、工程出包合同、用水用电合同、物业管理合同等,这类合同需要支付货款、承包工程款、水电费、物业管理费等。支付类经济合同一般是通过政府采购或工程招标程序签订,通常在采购或工程招标环节进行管理和监督。

1. 对经济合同签订程序进行监督

高校审计部门需要对高校的经济合同签订程序进行监督,主要包括对合同用章、合同起草主体、合同审批等内容的监督,以此保证经济合同签订程序的合法性。

(1)对经济合同用章进行监督。

高校对外经济合同要以法人的身份签订,此外需要使用统一的合同专用章,只要是以学校的名义签订的经济合同都需要使用统一的合同专用章。内部审计主要监督每项经济合同是否全部统一使用学校的合同专用章,有无为规避审批以学院或部门公章代替学校合同专用章的现象。

(2)对经济合同起草主体进行监督。

高校对外经济合同需要以法人的身份起草和签订,校内二级学院、部门等可以用学校的名义起草合同;非学校内部组织及个人不得以学校的名义起草合同。内部审计主要监督合同起草单位的资格是否符合要求,能否用学校法人的名义签订合同。

(3)经济合同审批监督。

一般性经济合同起草完毕后,应经过授权审批系统由审批人或授权审批人进行审批;重大的经济合同应通过相关领域专业人员讨论,并经过法律顾问审核后,提交管理层决策指挥系统决策审批。内部审计主要监督审批程序是否符合规定,有无遗漏审批的内容。

2.对经济合同条款进行监督

(1)监督经济合同条款的合理性。

经济合同条款内容应该符合正常的逻辑思维,具有合理性。内部审计应该审查合同中是否存在损害学校利益的异常条款或内容,如果存在异常条款,应进一步审查原因及可能存在的问题。

(2)监督经济合同条款的合法性。

经济合同应符合《中华人民共和国合同法》的规定。内部审计监督首先应审核合同条款内容是否符合法律规定,有无与法律规定冲突的条款。

3.对经济合同备案及履行进行监督

经济合同备案管理与履约密切相关,只有保证合同管理的规范化才可以保证合同主体可以按期履约。

(1)监督经济合同的备案。

高校经济合同应由学校档案管理部门统一归档管理,同时送财务部门履约备案一份、送审计部门监督备案一份。内部审计应监督经济合同是否由档案管理部门统一归档管理,是否报送财务部门和审计部门备案。

(2)监督经济合同的履行。

高校财务部门负责审核和督促经济合同的履行,内部审计部门需要对经济合同的履行进行严格监督,这主要包括以下几方面内容:支出类合同履约付款是否经过财务部门的审核,是否按照合同条款审核付款;收入类合同的收入款项是否按期到账,财务部门是否督促对方及时履行合同,是否存在已到期但未收到的合同应收款。

(四)采购和招标监督控制

对于高校经济行为来说,采购和招标是高校财务部门管理系统以外的两大经济行为,通常高校的采购和招标活动会由专业的采购或招投标管理部门进行管理和处置,由内部审计监督控制系统来进行监督和控制。

1.采购监督

高校在使用财政性资金采购货物或服务时,需要严格遵循《中华人民共和国政府采购法》的规定以及当地政府关于财政性资金采购的其他规定。高校采购分集中采购和自行采购。集中采购是指高校所采购的货物、工程或服务项目属于政府集中采购目录范围内的、金额在采购限额标准以上的,需要委托政府机构实施的采购。自行采购是指高校所采购货物或服务项目不在政府集中采购目录范围内,或金额在集中采购限额标准以下的采购。高校采购监督的对象主要是自行采购。

(1)对采购合同和采购文件进行监督。

对高校采购合同进行监督,重点在于对其条款内容进行监督;对高校采购文件进行监督,监督重点应该是采购文件的完整性,通过合同条款和文件的完整性可以发现采购过程中的其他问题。

对采购合同的监督:采购是否遵循平等、自愿的原则签订书面合同;合同条款是否存在损害学校利益的内容。如果发现损害学校利益的内容,需进一步核查采购过程。

对采购文件的监督:采购文件是否齐全完整、保管妥当。如果发现采购文件不完整,需进一步核查采购过程。

(2)对采购手续进行监督。

高校使用财政资金采购货物或服务需要办理相关手续,对高校采购手续进行监督,实际上主要是审核应该进行政府采购的项目是否实施了政府采购。

高校采购根据政府采购目录的要求,必须进行政府采购的货物或服务项目是否全部实施政府采购;应当以公开招标方式采购的货物或者服务有无化整为零或者以其他方式规避公开招标采购。

（3）对采购程序进行监督。

①采用询价方式采购的，询价小组人数和成员是否符合规定；被询价的供应商的数量和资格条件是否符合要求。

②采用单一来源采购方式采购的，货物或服务性价比是否合理；是否存在采购工作人员与供应商串通的情况。

③采用竞争性谈判方式采购的，谈判小组人数和成员是否符合规定；谈判供应商的数量和资格条件是否符合要求；是否存在以不合理的条件对供应商实行差别待遇的现象。

④采用邀请招标方式采购的，随机方式选择的供应商数量和资格条件是否符合要求；是否存在操纵选择供应商的行为。

⑤在采购完成后，要审查学校是否对货物或服务进行验收，明确验收入是否与采购经办人分离。

（4）对采购方式进行监督。

采购方式监督主要是对各种采购方式的前提条件予以监督。

第一，是否存在应当采用公开招标方式而擅自采用其他方式采购的现象；采购工作人员有无在开标前泄露标底的。第二，采用邀请招标、竞争性谈判、单一来源采购、询价方式采购的，是否符合采购方式规定的条件或情形。

2.工程项目招标监督

高校建设工程项目招标应根据《中华人民共和国招标投标法》（以下简称《招标投标法》）及地方招标投标实施办法进行招标，建设工程项目包括建筑物和建筑物的新建、改建、扩建、装修、拆除、修缮等。高校建设工程项目招标主要有委托招标和自行招标两类。委托招标是指工程项目金额达到或超过当地政府规定限额，应由政府招标投标管理部门统一委托招标代理机构进行的重大项目的招标；自行招标是指高校接受政府招标投标管理部门的授权，自行组织金额低于统一招标限额以下的一般项目的招标。高校工程项目招标的监督对象主要为自行招标。对高校工程项目招标的监督主要是从招标手续、招标过程和评标委员会组成等三个方面进行监督控制。

（1）对招标手续进行监督。

高校内审部门需要对招标手续进行监督，主要是为了保证应该参加招标投标的工程项目可以按照相关规定进行招标，这是高校顺利招标的基础。

具体来说，要监督高校是否依据《招标投标法》的要求对必须进行招标投标的各类工程项目全部进行了招标投标；是否存在化整为零逃避招标投标的情况。

（2）对招标过程进行监督。

招标过程监督主要是审查监督高校招标项目是否按照《招标投标法》规定的程序和要求进行了招标。

①需要对投标人资格进行严格审查，确认没有不符合条件的投标商通过了资格审查并中标的情况发生。

②严格检查单位工作人员是否泄露标底，编制标底的工作人员是否参与编制同一招标项目的投标文件。

③招标方式是否符合法律规定。公开招标是否发布了招标公告，招标公告是否在指定的报刊、信息网络或其他媒介上发布；邀请招标是否达到三个以上特定法人或其他组织投标，是否存在限制或排斥潜在投标人的情况。

④监督高校项目招标的开标、评标、定标程序是否符合法律规定，检查开标过程是否有记录档案；评标是否由评标委员会负责，成员名单在中标结果确定前是否保密，是否按招标文件确定的评标标准和方法进行评标；中标人确定后，招标人是否存在改变中标结果的行为。

⑤监督高校项目招标结果是否合理，是否出现了投标人以低于成本报价竞标的行为；明确投标人之间是否存在相互串通投标报价的行为；明确投标人与招标人之间是否存在串通投标的行为。

（3）对评标委员会进行监督。

一般来说，需要对评标委员会组成人员的合理性进行监督，同时需要对资格的合法性及评标的公正性进行严格监督。

①确保评标委员会成员由招标人的代表和有关技术、经济等方面的专家组成,成员人数是否为五人以上的单数,其中技术、经济等方面的专家是否占总数的 2/3。与投标人有利益关系的人是否未进入相关项目的评标委员会,主管部门工作人员是否未担任评标委员会成员。②评标专家是否在相关领域工作八年以上,并具有高级职称或同等专业水平。③评标委员会成员是否客观、公正地履行职务,是否私下接触投标人以及收受投标人的财物或其他好处,是否做到对评标过程保密。

二、建立健全财务廉政风险防控系统

从某种角度来说,加强高校内部审计是为了更好地实现高校财务廉政,而建立健全高校财务廉政风险防控系统也可以反作用于高校内部审计,促进高校内部审计的进一步发展。当前,我国高校存在一定财务廉政风险,而财务廉政风险防控系统又存在许多缺陷,这将造成廉政风险转化为腐败或经济犯罪,为此,建立健全高校财务廉政风险防控系统显得极为重要。

(一)建立健全财务廉政风险防控系统,构筑廉政风险转化为腐败防线

1. 建立健全财务廉政风险防控系统,是防止廉政风险转化为高校腐败的需要

强化高校内部审计,是加强高校廉政风险防控工作的有序途径,有效地防控高校廉政风险预防腐败的关键环节和核心内容。就我国高校的实际发展情况来看,高校我们党反腐倡廉的重要阵地,公职人员在工作过程中面临巨大的腐败风险,这种风险主要是工作人员滥用权力,以权谋私。

具体来说,高校腐败风险防控就是指从预防的角度针对权力运行中可能发生的腐败风险进行超前处理、主动预防,也就是强

调从根本上防范腐败发生。腐败风险防控是"标本兼治、综合治理、惩防并举、注重预防"方针的内在要求,是构建惩防体系的有效举措。加强腐败风险防控建设,有利于进一步增强预防腐败工作的前瞻性、预见性、针对性和主动性,有利于减少腐败现象的发生,对于进一步加大从源头上预防和治理腐败,不断提高预防腐败的能力和水平具有十分重要的意义。

2.建立健全财务廉政风险防控系统,可以从源头堵塞腐败漏洞

想要构建切实有效地腐败预防和惩戒体系,就需要加强廉政风险防控管理。当前,我国高校正处于重要的转型时期,在此过程中,高校需要进一步完善自身的管理体制、监督机制,进一步严密规范和有效约束公职人员的行政行为。权力运行、权力监督、民主法制的健全需要一个过程,这些因素使高校在财务管理许多环节上存在严重的廉政风险。这些风险又极容易诱发腐败。廉政风险存在于高校的教学、科研、行政和后勤服务各个领域和部门,根植于制度机制的不健全。高校大量违纪违法案件表明,如果不按规定建立健全高校财务廉政风险防控系统,及时堵塞体制机制本身存在的廉政风险,如果不进行及时有效的防控。就会使廉政风险发展转化成为腐败事实。在反腐败斗争仍然比较严峻的形势下,高校必须建立健全财务廉政风险防控系统,立足于预防为先,防患于未然,果断推进廉政风险防控管理,努力减少和控制诱发腐败的风险,构建惩治和预防腐败体系。

(二)建立健全廉政风险防控系统,是及时有效消除腐败负面影响的需要

1.廉政风险引发的腐败对高校具有严重的消极影响

高校的职责是为社会输送人才,是教书育人的神圣殿堂,因此保证高校廉洁具有重要意义,一旦高校发生严重违纪违法问题,便会引起十分严重的社会消极影响,损害教育的社会道德教化

功能及引领作用。深入开展高校廉政建设,建立健全高校财务廉政风险防控系统,有效遏制高校的腐败行为,事关"科教兴国"战略实施的成败、全民素质与综合国力的提高和中华民族的伟大复兴。

高等教育正处于飞速发展的阶段,也是容易滋生腐败的阶段,而腐败的大量滋生会大大阻碍高校的发展。腐败是对资源的浪费,造成国有资产的流失,导致人民群众对原来所谓净土的高校的失望。

实现社会公平正义必须在高校中有所体现,只有构建廉洁的高校,才可以为社会培养廉洁的人才,只有这样才可以让人才获得应得的公正对待,保证付出与收获相对应。在对人才进行评价时必须将其能力、贡献作为主要标准,只有这样才能真正通过评价衡量人才的实际作用,才可以以此为基础实现公正公平的晋升,而只有保证人才评价和晋升渠道的公平公正,才可以吸引大批国内外人才为我国的经济建设做出贡献。

2.建立健全廉政风险防控系统,有利于维护高校的稳定和健康发展

加强高校内部审计从某种角度来说就是为了有效防治高校腐败,腐败会对高校的经济利益造成直接损害,会破坏高校正常的规则和秩序。对于高校而言,需要通过有效预防和控制腐败的方法减少资源浪费,降低资源损失,这样可以更好地保证高校的经济利益,这也是维护社会公共利益的一个重要部分。我们必须在高校中、在社会中营造公正公平的氛围,要让人们可以切实通过勤劳、诚实的工作获得相应的报酬,只有这样社会成员才会自愿安心工作,才会自觉主动地为社会发展奉献力量。必须在高校中贯彻落实腐败的防范工作,加强反腐倡廉建设,只有这样才能在高校的教学、科研、行政、后勤管理领域确立公平公正的规则,建设和谐校园,确保高校的健康发展。

3.建立健全廉政风险防控系统,有利于在高校中维护党的威信

腐败与高校的生存和发展存在直接联系,只有建立健全高校

廉政风险防控系统,坚决抵制高校腐败现象,才可以树立和维护高校的威信,需要注意的是,获得威信不是一劳永逸的,高校必须在开展各项工作的过程中通过恰当的手段维护和巩固自身威信,这是一项长期且艰巨的任务。我国向来重视人心向背的问题,在古代我国就有"水能载舟,亦能覆舟"的说法。因此,我们必须营造良好的社会风气,不可以让腐败之风扰乱社会秩序,激化社会矛盾,损害人民利益。对于高校而言,一旦出现腐败就会对自身形象造成严重破坏,直接影响自身在社会成员中的声誉,动摇自身的威信。可以看出,加强腐败风险防控势在必行,一方面这可以帮助高校有效预防高校的腐败行为,减少经济犯罪带来的损失,另一方面可以彰显国家治理腐败的决心,有利于促进社会实现公正公平。

(三)建立健全高校廉政风险防控系统,将权力关进制度的笼子

1.为风险防控提供制度保证

高校财务管理目前已经成为高校管理工作的重要组成部分,廉政风险是高校财务管理面临的一个重要问题,为了有效防范廉政风险,就需要加强制度建设,只有这样才能从根本上防控廉政风险。中共中央下发的《建立健全教育、制度、监督并重的惩治和预防腐败体系实施纲要》中明确提出:"要加强反腐倡廉制度建设,充分发挥制度在惩治和预防腐败中的保证作用。要进一步加大预防腐败的力度,必须在完善制度上下工夫,推进反腐倡廉工作的制度化、法制化。发挥法规制度的规范和保证作用。"

为了规范高校财务工作制定了高校财务工作制度,该制度以我国《会计法》《高校财务制度》《高校会计制度》等会计制度为基础,结合我国高校实际情况和财务管理需要制定,我国高校财务工作制度包括财务管理制度和会计核算制度。高校在财务管理领域存在廉政风险。高校财务管理方面的制度,是处理高校财务管理工作的规则、规范与程序。它是实现高校教学科研目标,规

范财务收支行为,强化财务管理的一种手段,是党和国家财经工作方针、政策及有关法律、法令规章的具体体现,是我国法制建设的重要组成部分。高校主要的财务管理制度包括:财务计划和财务决算方面的制度、预算管理制度、基建财务管理制度、收费标准管理制度、费用开支标准管理制度、财产物资管理制度、工资基金管理制度、资金结算管理制度、收据和发票管理制度、会计档案管理制度。

在会计核算的过程中,高校同样面临廉政风险,为了预防风险发生需要制定相应的规范制度。高校会计核算方面的制度是规范收支核算等相关制度的总称。应针对高校的业务特点,理顺国库集中支付、政府收支分类、部门预算、工资津补贴、国有资产管理的会计核算制度,建立健全会计科目的设置、预算会计科目设置,提供绩效评价需要的财务信息和预算管理需要的预算收支信息,进一步规范高校财务报表包括资产负债表、收入费用表、预算收支表、基建投资表及报表附注等制度。高校主要的会计核算制度包括:款项和有价证券的收付制度;财物的收发、增减和使用制度;债权债务的发生和结算制度;资本和基金的增减核算制度;收入、支出、费用、成本的核算制度;财务成果的计算和处理制度。

2.对财务权力进行有力监督

从惩防体系建设和廉政风险防控管理工作开展情况看,当前应当重点做好反腐倡廉的制度建设。为廉政风险防控工作的顺利开展提供制度保障。

(1)建立健全政务公开制度,提高财务透明度。

做到财务透明是实现廉政的最佳途径之一,只有不断提升财务公开透明才可以充分发挥群众监督的作用,因此建立健全财务公开制度具有重要意义和作用。高校内部党务部门必须加强党务透明,应该严格遵循公共政策和权力运行公开透明的原则,积极推行政务、财务、选人用人等各项工作的公开透明,加强建设阳光政务,在权力运行方面要尤其注意,对于重大事项的审批和决策,以及干部人事任免等工作要进一步加强公开透明的深度。针对那些教职工关注度较高的部门,应该作为权力运行公开的重点,从而让更多群众了解权利运行的实际情况,保障人民群众的知情权,同时需要建立健全重大事项票决制、公示制,自觉接受教职工的监督,防控廉政风险,从根本上防止腐败滋生蔓延。

（2）建立健全财务管理权力监督制衡制度,规范权力运行。

强化高校财务内部审计是实现高校廉政的重要途径,加强内审实际上在一定程度上就是强调财务权利的正确实行,可以说权力是导致腐败的根本因素,预防腐败的根本方法就是实现权力制衡。对于高校来说,就是要科学地管理校内的各种行政权力,实现全职制衡,搭建权力制约权力的网络。建设廉政风险防控机制,就要求高校对相关机构和岗位进行科学设置,按照机构和岗位的职责分配适当的权力,并且要明确权力的使用范围和标准,要制定科学的运行程序,明确各机构和岗位需要承担的责任。同时,为了更好地实现权力制衡,还应该对各种权力进行严格的监督和制约,控制相关部门和人员的权利行使行为,控制和减少自由裁量权,建立健全权力运行机制,实现权力机制的结构合理、配置科学、程序严密、制约有效,只有这样才能办有效避免权力的重复行使,才可以有效地降低发生以权谋私行为的可能性,才能保证权利行使有良好的效果。"三重一大"事项必须由领导班子集体做出决定,不遵循这一原则的必须追究个人法律责任。其中,"三重一大"就是指重大决策、重要干部任免、重大项目安排和大额度资金的调度使用。

强化高校内审,加强廉政风险防控管理,可以有效地监督干部行为,这也是对干部的一种有力保护。在高校中,各级行政人员特别是领导干部,大多掌管着教学、科研、行政、后勤管理的权力和资源,不同程度地面临诱惑和考验,有时候权利意味着腐败的风险,因为权利越大,掌握的资源越多,就越有可能走向腐败。因此,必须加强对领导干部的监督,要督促他们树立正确的廉洁意识,在与干部作风密切相关的环节设置监督,拓宽监督渠道,并且要充分发挥监督合力的作用,提高监督的实效性,在高校中建立良好的廉洁氛围,促进领导干部作风建设。加强廉政风险防控管理,投入大量人力、物力、财力,在源头和各个环节防止腐败发生,督促广大公务人员树立风险防范意识,只有从意识着手才能从根本上防止腐败,才能最大限度地防止腐败发生。

(3)加强廉政立法,建立健全违纪违法行为惩处制度。

高校应该认真总结反腐倡廉的工作经验,并将这些经验提炼升华,将这些工作经验上升为具体的工作制度,让这些制度充分发挥作用。那些经过实践检验的反腐倡廉经验和成功做法对于高校的反腐倡廉工作具有重要意义,上升为工作制度后,再次经过实践的检验,通过一定程序可以上升为廉政风险防控的规章制度,这些规章制度可以有效地帮助高校开展反腐工作。要有计划、分步骤地制定或修订一批涉及财务廉政风险防控的高校财务管理体制、运行机制、审批权限、审批程序、预算管理、标准定额等财务法规和条例,进一步规范高校公职人员的权力行为,提高反腐倡廉法制化水平,达到预防和惩处相结合的目的。

(4)建立健全高校廉政风险防控系统,进一步完善高校财务监督。

加强财务内部审计,建立健全高校党内民主和党内监督制度,是有效规范干部行为,实现高校廉政的重要途径。也只有不断推进高校廉政,越来越严格地要求高校财务管理,才可以促进高校内部审计越来越完善,规范干部的廉洁从政行为。必须建立健全党内民主监督制度,只有以此为基础才可能建立有效的高校民主监督制度。对于高校而言,首先要建立全面高效的高校财务廉政风险防控系统,必须以此为切入点系统有效地解决涉及财务廉政风险防控的实际问题,只有这样才可能在此基础上进一步建设和完善高校党内民主集中制的各项具体制度。

建立健全党委会财务系统的议事决策工作制度和程序,凡是应当由常委会、全委会讨论决策的重大财务事项,必须进入常委会和全委会讨论决策程序。必须注重财务廉政风险防控中权力的互相制衡,构建体制机制内互相制衡的运行框架,即制度笼子,才能真正实现将权力关进制度的笼子。

(四)建立健全高校财务廉政风险防控系统,增强风险防控的针对性

1.有机统一监督与管理

不论在哪个领域、哪种机构,腐败的发生都与管控机制的失灵、扭曲、缺位和弱化存在一定联系,而陈规陋习是造成管控机制出现各种漏洞的重要原因,在"单位利益部门化""部门利益个人化"的影响下,一些领导干部身居要职却在履职中不够客观,出现了很多擅用职权的情况。高校要建立健全廉政风险防控系统,动员所有人参与廉政风险防控工作,实现所有相关人员参与风险查找和防控措施制定等工作,以此为基础在高校内部形成制衡权利链,实现权利与权利的相互制约。加强对风险的查找分析、考核评估及防控措施的及时修正调整,通过这种方式有效地对腐败风险进行预测和预警;加强风险防范,通过这种方式有效降低权力运行过程中发生危险的可能性,对腐败风险开展具有主动性、前瞻性和针对性的防范,尽可能从各个关键环节有效消除廉政风险的不确定性,通过这些方式方法有效落实风险防范的各项制度和措施,以此从根本上防止腐败发生,不为腐败滋生提供需要的土壤。

建立健全廉政风险防控系统,可以帮助高校更及时、全面地监控廉政风险,可以对廉政风险进行全过程的动态监控与管理,廉政风险防控系统帮助高校准确查找岗位职责风险点,帮助学校建设科学有效的风险防范制度,以此提高廉政风险防范的实效性。制定具有针对性的工作措施,对风险点进行排查并进行风险定级,保证风险防控贯穿权利运行的整个过程,保证每个关键环节都有强有力的防控措施发挥作用,在权力运行的全过程中落实廉政风险教育、制度、监督、改革和惩处。在权力运行的整个过程

中贯彻风险的监督管理,要确定风险点,制定有效的预防措施和修正措施,做到及时发现风险,及时纠错补漏,以此进一步增强风险防控的有效性。

2.有机统一自律与他律

对于高校廉政制度建设来说,最关键的并不是有没有建立相关制度,而是建立的这些制度是否科学、规范和严谨,仅仅建立制度并不能保证其充分发挥自身作用。高校在建立健全廉政风险防控系统时,不仅重视标本兼治、综合治理、惩防并举,更重要的是该系统强调制度的作用,强调利用制度对人、权、事进行管理,并且重视制度的改革与创新,强调利用制度切实有效地将管权、管人、管事落到实处。通过廉政风险防控系统建设,可以充分发挥制度的作用,在动态的环境中考察制度的科学性、严谨性和规范性,保证制度可以切实有效地发挥作用。

(1)廉政风险防控系统的重点在于查准找全和监控管理廉政风险,充分发挥相关制度的作用,高校应该通过正确的引导帮助教职工分析并明确自身在岗位职责、思想道德和外部环境等方面存在或潜在的风险及其表现,教职员工应该结合自身的实际情况,加强自我审视,同时吸收领导和同事的提醒与建议,积极寻找问题,从而使兼职员工的被动监督逐渐转变为主动监督,这样可以从教职员工自身的角度出发提高风险意识,拓宽了自下而上、自上而下、同级之间的监督渠道,有机结合自律与他律,有效推动廉政风险防控系统的建立健全。

(2)对制度的运行实施流程管理,只有对制度进行科学有效地流程管理才可以保证其在实践中充分发挥作用。同时,需要对制度的实际运行情况进行绩效评价,利用绩效评价监控制度在实践中有效落实,及时发现问题、矫正问题,以此促进制度不断完善,实现制度的持续健康运行。

(3)高校需要建立健全制度体系,通过制度体系对所有存在权力风险的事情进行安排和管理,也就是对相关的岗位、活动、工作等都要进行合理的安排和科学的管理。只有建立并不断完善廉政风险防控系统,才可以对高校财务进行有效管理。

(4)高校在防控风险时应该将权力运行纳入其中,针对廉政风险制定一系列具体制度安排,明确可能发生廉政风险的具体环节,开展具有针对性的防控工作,加强风险监督、风险预警,这些有利于权利行使者更谨慎地行使权利,有利于权利使用者的自律和他律,通过这种方式可以有效降低发生腐败的可能性。

3.有机统一防控与政业务

建立健全高校廉政风险防控体系,必须正确理解和掌握廉政风险与高校具体的职务和岗位之间的关系,在权力运行的过程中,必须加强各个职能部门和业务环节的防腐工作,必须将廉政风险防控与高校内部各单位各部门的业务工作,与各个岗位的职责有机地结合起来。只有充分发挥廉政风险防控管理的作用,才可以以各个单位部门各项具体工作为切入点,查找各项工作中存在的廉政风险点。同时,高校需要针对具体问题制定防范措施,做到风险方法落实到人,必须明确岗位职责和目标,通过有效的风险防控管理提高预防腐败工作的针对性和可操作性。

通过对预防措施的落实情况进行检查考核。形成对风险防范工作的评价,推动业务工作不断改进,有效增强预防腐败的针对性。在此过程中,廉政风险防控管理与改进业务管理具有很大的促进作用,廉政不行,证明业务管理也不行,必须切实改进。

三、加强信息化时代的高校云审计

就目前的研究来说,对于云审计的概念、定义与范围在学术界还没有形成统一意见。但大多数学者认为云审计就是审计与云计算的有机结合,即依托云计算、云会计构建一个审计信息平台。

云审计是基于"互联网＋云计算"而形成的,在云计算的基础上搭建一个审计平台,实现各类审计信息的数字化,促进信息的交流与共享,使各种审计资源通过云来协同,使审计资源得到充分地利用,进而提高审计工作的效率和效果,优化内部资源配置,实现审计信息化系统的协调发展。现阶段的云审计还处于初步发展阶段,未来的云审计将不仅仅是云计算在审计领域的运用,更包括了随着科技尤其是信息技术的发展,审计模式不断创新的一种模式。

(一)高校内部审计信息化的发展现状

近年来,我国不断加大高等教育投入,在市场经济的推动下高校多渠道办学能力也有所提高,办学规模不断扩大,高校组织管理的内容越来越丰富,除了基础教学外,高校运行过程中涉及的经济活动也越来越多,在这样的发展背景下,高校财务预算资金也越来越大,这就要求高校必须进一步加强内部审计工作。对于我国高等教育发展现状来说,传统的审计模式已经无法应对日益繁杂的审计工作,而内部审计信息化可以有效地解决这个问题。

1.缺乏计算机审计准则和标准

审计工作信息化并不是单纯地将信息技术与审计工作结合在一起,而是需要依据严格的制度规范和信息标准实现二者的有机融合。虽然信息技术在高校内部审计中已经有所应用,但目前我国并没有针对计算机环境下的高校内部审计出台明文规定,也没有制定明确的标准和准则。高校内部审计工作缺少必要的准则依据。

2.信息资源共享程度低

当前,我国高校内部职能部门之间并没有形成统一的审计信息资料库,很难实现信息资源共享。从内部审计流程方面来看,缺乏科学的信息整合,无法对内部审计信息进行集中的储存和处理,高校应该及时搭建信息管理平台,从而实现内审信息的有效整合。此外,高校内部审计的资源共享效率低,这不利于及时有效地开展审计工作,同时会在一定程度上影响高校内部审计的效率和质量。

3.审计人员专业知识和技能较弱

高校内部审计对内部审计人员的专业胜任能力要求较高,不仅要精通会计和审计的专业知识和技能,还要求其能够熟练掌握计算机应用程序以及网络信息系统技术。而目前高校内部审计人员专业知识和技能较为薄弱,专业胜任能力有限。

4.审计人员对审计信息化重要性的认识不足

"互联网＋""云计算""云审计"等对传统的审计方式产生了极大的冲击。但目前仍有很大一部分审计人员没有转变理念,没有正确地认识到审计信息化建设的重要意义。从管理者的角度来说,高校的主要任务是教学和科研,但内部审计与这两项工作的相关性较低,这就导致管理者容易忽略内部审计工作,也就导致我国高校内部审计面临资金投入和人员配备不充足的问题。从一般的审计人员来看,固有的审计工作模式用起来得心应手,不愿意改变现状,是内部审计发展的一个重要阻碍。

(二)加强高校云审计应用,实现高校审计全覆盖

1.审计全覆盖的概念

刘家义在全国审计工作会议上提出了"审计全覆盖"这一概念,他指出审计全覆盖可以有效提高审计监督的层次和水平。对于高校来说,实现审计全覆盖必然对其财务管理具有重要意义,具体来说,"高校审计全覆盖"就是指在通过制订合理的审计计划、选择有效的审计方式,使所有高校能够在周期性、常态化的审计监督下,良好有序发展。而当前,依靠云审计为实现高校审计

全覆盖提供了可能。

2.高校内部审计全覆盖的实现途径

现代高校内部审计的发展规律是从"风险导向审计"向"战略导向审计"转变。高校的内部审计部门工作重心从"人工事后审计"向"信息化全过程审计"转变。大数据时代提供了便捷数据资源来源,也给高校内部审计工作提出了挑战。面对时代发展的背景,高校内部审计部门必须借助云审计的大数据处理,提高审计实施能力,完成对高校风险管理、风险控制以实现提高高校运营能力为目的。

(1)实施系统性审计。

加强高校内部审计系统性是全面掌握高校内部财务情况的基础,是推进高校内部审计全覆盖实现的重要基础。随着网络时代的到来,社会各个领域都呈现出信息化趋势,高校发展也是这样,在信息化程度不断提高的背景下,高校管理的精细化程度也不断提高。高校内部审计是高校内部控制的重要组成部分,通过内部审计可以有效监控和防范校内可控风险,同时有助于高校防范系统风险。随着大数据技术不断发展和更新,高校内部审计应该将工作重点放在对信息库的数据管理方面,高校需要同时向各个二级学院和各行政部门获取审计资源,高校开展内部审计工作必须站在学校发展战略的高度,要用前瞻性目光处理审计问题。高校需要积极收集和整理各种审计信息,对信息进行处理和分析,当前高校风险防范部门因为利益固化导致出现一定管理漏洞,内部审计就需要及时弥补这些管理漏洞,要通过高校内部审计有效提升高校免疫力,建设完善高校自身的免疫系统。

(2)创新内审理念,优化内审资源配置。

在过去,高校内部审计大多都是依靠人力,而随着信息技术的发展和普及应用,审计信息化不再只是高校内部审计的一种辅助手段,信息化、自动化成为现代内审的标签。在大数据背景下,云审计中数据平台应运而生。云审计平台把数据分析范围从单一部门拓展至相互关联的多个部门,将工作重点从基础数据的筛选整理和分析,拓展至系统审计和多维分析。在高校内部审计中,首先利用云审计平台收集的数据分析各部门信息数据之间的关联特性和不同年度信息数据之间的纵向可比性。通过系统分析、多维对比,实现对高校内部审计的全面把握,对于发现的内部控制薄弱环节进行重点的监控,精确定位高校内部管理中的资金或物资分配过程中舞弊行为多发环节,实现对整个高校内部经济资源的全面检测与自动预警,推动审计全覆盖的目标顺利实施。

(3)正确运用云技术,提升安全性。

随着信息化时代的来临,人们的工作和生活越来越便利,人们在这样的环境下可以简单快捷地通过互联网获取和传递各种信息和资源,但这种便利性的背后也存在严重的安全隐患。构建高校云审计平台,实现审计信息化,"私有云"数据泄露到"公共云",就有可能会带来一系列数据泄露引起的审计风险与法律责任。如何保证数据的安全性和保密性,是互联网时代首要考虑的问题。

高校搭建内部云审计平台时一个关键就在于安全性。首先,高校搭建云审计平台要选择那些具有良好声誉的网络服务商,为了平台安全性必须对并供应商的自身权限与运行维护等关键环节进行详细地沟通,要保证自己掌握主动权,有效地约束供应商的权限,也就是说尽可能只获取供应商的技术支持,而高校负责对服务器进行管理,供应商在移交服务器后,自身权限受到限制;其次,重视平台终端信息保密,制定科学标准限制登录人员的权限,在登录过程中重视关键环节的信息管理,最大限度地避免信息的泄露;最后,高校必须做到及时保存和备份云审计平台的数据信息,做到有备无患,高校可以将云审计平台的数据信息随审计工作推进打印成纸质进行存档,通过各种有效方式防止数据丢失而造成损失。

在大数据时代,高校通过建立健全云审计平台,为实现高校审计全覆盖提供了新条件、新视角,这也为高校实现审计全覆盖提供了重要的技术基础与数据保障。可以看出，在大数据时代，高校积极发展云审计对于高校审计发展，对于高校财务管理升级具有重要意义，这是高校内部审计发展的新契机。

（4）建设高校内部云审计平台。

为了实现高校内部审计全覆盖，高校应该应用云审计建立高校内部审计平台，该平台可以实现对高校审计相关信息和监管数据的储存，通过统一安全的数据接口在同一时间访问不同的学校职能部门的信息系统，利用大数据技术快速完整地获取所需的审计信息，以提高审计效率。

高校可以对高校内部审计平台实行模块化管理，以此提升云审计平台的规范化管理，每个二级学院基于会计信息形成审计信息，将所有相关数据都上传至该平台，通过云审计平台进行数据的同意储存、管理和分析。例如，高校在实施固定资产的清查时，各二级学院先进行清查，并将信息报送固定资产管理部门，同时将资产清查的结果上传至云审计平台，便于内部审计人员的查阅。

在云计算环境下，高校管理作为一个开放的系统，通过日常管理活动、内部控制、内部审计与其他各个系统之间的相互作用，可以基于高校可持续发展的战略下，为实现高校的发展目标而相互支持和帮助，并由此产生了内部的协同效应，包括管理协同、资源协同和部门协同。

第五章　高校财务绩效管理与制度创新

财务管理在高校的各方面工作中属于一个系统工作,它在高校的经营管理过程中处于核心位置,财务管理和运行绩效决定着高校未来的生存和发展。因此,高校的财务绩效管理应该向着标准化、规范化的方向发展,利用科学的管理方式来保证高校经济效益稳步提高。

第一节　高校财务绩效概述

一、高校财务绩效的含义

绩效是组织期望的结果,是组织为实现其目标而展现在不同层面上的有效输出,它包括个人绩效和组织绩效两个方面。在一个组织中,绩效可以分为经营绩效和财务绩效。经营绩效是综合性的,体现为组织目标和任务的达成状况。财务绩效是特定于财务活动而言的,表示的是财务资金的投入与产出之间的关系,即财务活动目标的实现情况。

高校作为一个独立的组织,要想实现其预定的目标,就要依赖于一定的财务活动。以高校财务绩效为例,其具体内涵就是指高校财务活动的效率和效果。高校财务资源的投入与产出之间的比例就是高校财务活动效率的主要关注点。高校财务活动的效果是从结果的角度出发,对财务资源发挥的功能进行评估的,体现的是高校财务资源的运用对实现高校目标的贡献状况。

二、高校财务绩效的特征

(一)多因性

在高校日常的财务活动中,财务绩效的优劣并不是由某一因素决定的,而是受到主客观多种因素的影响,因此高校财务绩效体现出多因性的特征。高校财务绩效既会受到外部环境的影响,也会受到内部工作特征因素的影响,同时还与组织的机制、个体的工作动机等有着密切的关系。

(二)多维性

高校财务绩效的多维性主要体现于在对财务绩效进行分析与评估的时候需要从多个维度或者方面去着手,而不能只单一的关注某一个指标。例如,在对某个院系进行绩效考察时,不能仅仅将学生的培养状况作为考察标准,还要将其他多个方面纳入评估范围,如科学研究情况、社会服务情况等,通过对这些指标进行综合评估从而得出最终的结论。

(三)模糊性

与企业有所区别,高校财务绩效通常不能明确地得到测量。高等教育具有多种功能,如政治功能、经济功能、文化功能、社会功能等,由于功能的复杂性和教育过程的长期性,高校财务绩效通常情况下难以体现为具体的指标,因此财务绩效具有模糊性。

(四)动态性

在高校的财务活动中,由于各个部门或者不同个体的绩效会随着时间、具体事务的不同而发生变化,原来较好的绩效可能突然变差,原来较差的绩效也有可能出现好转,因此财务绩效具有动态性。这一特性要求在评估一个人的绩效表现时不能只关注某一时段,应该充分考虑到动态性并且转换思维来看待有关绩效问题。

第二节　绩效评估控制

当前,我国高校人事管理制度改革正在稳步推进。高校教师的管理将按照按需设岗、公开招聘、平等竞争、择优聘任、合同管理、按劳取酬等原则妥善实施。在传统的高校教师考核中,由于考核目的、考核指标体系、考核方法等都不完善,考核结果往往不够准确,难以对高校教师的绩效做出全面、客观、公正的评估。基于此,需要用现代人力资源管理的理论和方法,对传统的考分方式进行优化,采用现代意义上的、能适应现代高校教师管理要求的绩效评估制度,从而促进高校人事制度改革的顺利进行。

一、建立激励机制

从人力资源管理角度来看,绩效是指主体的工作行为和工作产出,"既要考虑投入(行为),也要考虑产出(结果)"。通常而言,绩效是指工作人员完成既定工作任务、达到工作目标的程度。随着人力资源管理理论和实践研究的不断发展,绩效管理与评估理论逐渐成为高校人力资源管理活动的重要一环。然而,高校人力资源管理和企业的特点有所不同,怎样将企业的资源管理办法有机适当地运用于高校,始终是人力资源管理理论界讨论的重点课题。当前,我国高校教师绩效评估管理体系仍未建立,全面系统的教师绩效评估管理工作还没有完全开展,这就使得高校在进行教师绩效评估的时候缺乏系统性和准确性,从而可能对教师的积极性造成影响,最终限制高校的可持续发展能力和核心竞争力的提高。基于此,对当前的高校教师评估体系进行改革,建立能够激励高校教师的科学合理的绩效管理评估体系是十分必要的。

（一）进行高校教师地方绩效评估应遵循的程序

第一，绩效评估指标体系与评估方法的确定。在借鉴企业人力资源绩效评估方法的基础上，通过大量的文献研究，结合专家咨询，建立适合高校教师的绩效评估指标体系与评估方法。

第二，绩效评估活动的实施。通过标准化的高校教师评估量表，由高校人事部门对高校教师进行统一评估。

第三，绩效评估结果的分析与反馈。在对高校教师绩效进行评估后，要及时对评估结果进行分析与反馈。通过对绩效评估结果的分析，由高校人事部门结合各学科实际进行评估的反馈工作，有针对性地制订教师奖惩策略。

（二）制订高校教师绩效评估应遵循的原则

1.相关性原则

相关性原则是指在构建绩效评估指标体系的时候不能脱离实际，要与高校教师的工作绩效紧密联系。高校绩效评估的目的就是要引导、帮助教师达到自身的工作目标，甚至是实现自己的人生价值。因此，在着手制订高校教师绩效评估体系时，要以高校教师的自身发展和自我价值实现为出发点，对评估指标与教师自身发展的相关性进行充分考虑，从而最大限度地确保绩效评估工作的实施能够有效提高教师的工作积极性。

2.定量指标与定性指标相结合原则

通常情况下，定量指标是指一些客观的数字、业绩指标等，定性指标是指主观性的指标等，这两类指标都是在对教师工作进行绩效评估时不可缺少的。如果在绩效评估过程中只参考定量指标或者定性指标，就会使得绩效评估参考量不完整，绩效评估结果不科学。在实际的绩效评估中，有些绩效指标只能是定性的，不能以直观的数字进行表示，或者说只能通过其他方式转化为数量型参数,如专家评估打分,因此不能只关注某一指标。定量指标和定性指标是相互补充的关系,定量指标能清晰、直观地表述绩效;定性指标则能从另一个侧面来评估绩效。在绩效评估过程中,要将定量指标和定性指标相结合,使其共同服务于绩效评估。

3.实用性原则

评估指标的制订要具有实用性。评估指标体系要繁简适中,并且计算方法要简便易行,此外评估指标所需要的数据要尽量易于收集。各种评估所需要的数据应该尽可能地从现有的统计资料信息和审计工作开展过程中获取,或者能够通过专家检查获得,设计各项指标的内涵和外延要具体限定,以方便相关工作人员绩效评估工作的进行。

4.可比性与全面性原则

在绩效评估制订时,要保证指标体系中的各个指标都可被用来对高校教师的绩效进行测量和评估,包括能对高校教师之间的工作绩效进行横向和纵向的比较。此外,还要确保绩效评估指标体系能够全面、综合反应各种因素对绩效评估的影响。

(三)高校教师绩效评估的特点

1.绩效目标的双重性

绩效目标的双重性主要体现在高校教师的个人追求上。就大部分高校教师而言,之所以选择教师为自己的终身职业,源于热爱并且想要在这一岗位上实现自己的人生价值。就价值取向而言,实现人生价值是其选择这一职业的最终目的。但是,作为社会的一份子,教师也会对金钱、地位等有所追求,这种价值取向上的双重性就决定了其绩效目标的双重性。一方面,教师要按照自己的职业要求和学校规定,认真完成各项任务,以获得酬劳、职位晋升等;另一方面,教师希望自己的辛勤劳动能够培养出国家需要的人才,从而实现自身的人生价值。

2.绩效投入与产出的多样性

高校担负着人才培养、社会服务、科学研究等多种职能,与此相对应,高校教师的工作任务也呈现出多样性,包括教学、科学研究、社会服务等。价值偏好的区别对于高校教师工作任务重心的偏向具有决定性作用,从而导致教师工作行为的多样性。例如,某些高校教师十分注重教学工作,他们认为教师最重要的任务就是为社会培养合格的人才,因此教育好学生才是自身价值所在;某些高校教师更擅长也更喜欢搞学术研究,他们能在这一过程中学习和发现各自领域最前沿的知识和技术,从中获得乐趣并且推动这一领域研究的发展;某些教师认为自身的知识应该及时转化为社会生产力,因此他们更乐于联合企事业单位,直接为社会提供服务。高校教师职能和工作任务、工作行为的多样性决定了其绩效产出的多样性,不仅包括教学成果、科研成果、社会服务效果等多种产出,各种产出形式所占的比重也是多种多样的。

3.绩效产出的难以衡量性

通常而言,高校教师的绩效产出应该通过教学效果、科研成果、社会服务效果等方面表现出来。此外,高校教师个人的政治思想、专业素质、工作态度也能对高校教师的绩效产出进行一定的体现。因此,无论是哪一项绩效产出,都不可以通过简单的量化指标来衡量。例如,在对教师绩效进行评估时,可以以学生的考试成绩为评估指标,但是教师在教学过程中,对学生潜移默化的指导等提高学生综合素质的教育教学成果就很难通过量化的指标来衡量。

(四)高校教师绩效评估的注意点

1.正确认识绩效评估的目的和主体

现代人力资源管理理论认为,绩效评估不但能够为员工薪酬的分配、职务的升降提供可靠的依据,而且其真实目的是通过评估让员工认识到自身的优势与不足,使员工在今后的工作中取长补短,不断提高自身的绩效,从而提升整个组织的绩效;与此同时,绩效评估还能够为其他人力资源环节提供必要的参考信息,如人力资源规划、员工招聘等。在高校绩效评估中,被评估的主体是高校教师,这类群体属于知识型群体,其最显著的特征就是较强的自主性、个性和创新性,在对待激励的态度上,不仅注重物质激励,还高度重视精神激励和成就激励,而且与物质激励相比,绝大部分教师更加注重精神激励和成就激励。高校在进行绩效评估时,应充分认识到高校教师绩效评估的目的和被评估主体的特点,根据实际情况进行适当的制度设计,并且通过广泛的宣传、讲解,使得高校各部门和广大教职工正确认识绩效评估的目的和意义,共同推动绩效评估工作的有序进行。

2.科学制订绩效评估指标体系

绩效评估指标体系在绩效评估工作中具有举足轻重的作用,是绩效评估中最为核心的部分。由于上述高校教师的绩效产出具有多样性和难以衡量性的特点,因此绩效评估体系在制订时应尽量具备多样性、完整性。在设计绩效评估指标体系时,要尽量将高校教师绩效产出的各项内容涵盖其中,还要通过定性和定量相结合的方法,尽量设计出完善的指标体系,以实现对高校教师绩效的科学衡量。在制订绩效评估指标体系时,应首先对各项工作进行全面的分析,在对高校教师工作有了科学、具体的分析了解之后,才能更全面地归纳和提炼出绩效评估指标体系应该涵盖的内容。本书认为,高校教师绩效评估指标体系不仅要确定绩效评估的各项指标,还应确定各个指标在整个指标体系中所占的比重。很长时间以来,我国高校教师绩效评估中对科研成果的过于偏重导致了很多问题,本书认为教学效果、科研成果、社会服务效果等的比重应该视高校的具体情况而定。如果该学校以培养应用型人才为主,就应该将教学效果作为主要的参考指标;如果该学校是研究型高校,那么科研成果比重可以稍微高一些。需要特别注意的是,在指标体系制订的过程中,最好能够使得被评估者,也就是高校教师参与其中。现代人力资源管理的实践证明,如果被评估者参与制订评估标准,评估的准确性将会被提高,同时还有利于被评估者更加了解这一制度,在制度实施中予以充分配合。

3.选择合适的评估方法

评估方法是否正确和整个评估体系的科学性和评估结果的准确性有着直接的关系。从评估维度上来看,当前大多数研究者认为360度绩效评估法是一种较为合适的评估方法。360度绩效评估法又被称为"全方位绩效评估法",是指评估者选择被评估者的领导、同事、客户、专家等作为评估人,从各自的角度对被评估者进行评估,从而获得对被评估者全方位、多维度的评估。360度绩效评估法的评估主体多种多样,就高校教师而言,其评估人有领导、同事、学生、本人、专家等。领导是一个部门的掌舵者,其对部门所有教师的情况有比较全面的了解,让领导充当评估人有益于得出更宏观、整体的评估结论;同事是被评估者最亲密的"战友",他们平时交流最多、沟通最多,相互了解也最多,让同事充当评估人有益于得出更细致的评估;学生是被评估者的教学对象,在教学活动和课后的交流接触中能够最直观地感受到教师的思想素质、工作态度和教学水平等,让学生充当评估者能够使得评估结果更客观;被评估者本人对自己进行评估,能够做到及时反思,对自己有更清楚的了解,从而有益于激励自己取长补短;专家是某一领域的权威,他们有着丰富的实践经验和理论知识,让专家充当评估者能够对被评估者的专业素质、学术水平、教学成果等有更精准的评估。这种360度绩效评估方法从采用方式上来看也是多样化的,依据指标内容和评估主体的不同,采取不同的方式。例如,填写绩效评估表、开座谈会、进行演讲、不记名投票、网络评价、问卷调查、与被评估者单独交流等。其中,问卷调查、与被评估者单独交流就十分有利于领导评估,网络评价有利于学生评估,进行演讲有利于被评估者自我评估,开座谈会有利于专家评估等。此外,统一指标内容或评估主体也可以按照实际需要采用合适的、不同的方式进行评估。

4.建立有效的评估结果反馈机制

绩效评估体系还有一个十分重要的组成部分就是评估结果反馈机制,其与评估的目的能否真正实现有着非常密切的关系。在评估结果生成之后,相关工作人员应该及时将评估结果告知被评估者并与被评估者进行交流沟通,让被评估者认识到自身的优缺点。同时,还应该想办法帮助被评估者充分发挥优势,尽可能地弥补劣势,让被评估者在评估中不断进步和完善,既推动个人工作绩效的提高,也推动整个组织绩效的提高。高校应该将绩效评估结果与人力资源管理的其他环节连接起来,将绩效评估作为"一种师资管理过程",既是师资规划、培养、晋升等的补充,又是对这些管理过程的检查,从而最大限度地发挥评估的作用。例如,可以将绩效评估结果作为职业生涯管理、进修培训的参考信息,从而帮助教师进一步提高自己的能力、开阔自己的眼界、实现自身的价值。

(五)绩效评估量化

绩效是一个多维度的概念,高校通常生产多重产出并使用不同的单位进行测量,因而高校绩效评估体系通常涉及大量多维的评估指标。因此,绩效评估指标体系及相应的评估方法是全面、客观评估高校绩效的关键所在,它直接关系到评估的科学性、客观性、公正性以及绩效评估实施的效果。指标体系的建立是进行预测或评估研究的前提和基础,它是将抽象的研究对象按照其本质属性和特征的某一方面的标识分解成行为化、可操作化的结构,并对指标体系中每一构成元素(即指标)赋予相应权重的过程。为了使指标体系能够全面反映研究对象的特性,尽可能地做到科学和客观,有必要引入一些量化方法或数学模型来帮助评估指标体系构建并对公共组织的绩效进行评估。

近年来,许多专家和学者在这方面进行了探索,应用数据包分析法、层次分析法、模糊综合评估法这三种方法进行高校绩效评估的实践。这三种评估方法主要存在两方面的局限:第一,指标权重的设置往往带有一定的主观随意性,特别是在专家组成员的选择、专家数的多少以及专家打分等方面仍然存在主观干扰因素;第二,多指标、大样本无疑可以为综合评估提供丰富的信息,但在一定程度上也增加了评估工作的复杂性。每一个指标都从不同的角度和层面反映评估目标的某一信息,而各个指标之间往往存在一定的关系,所反映的信息将产生重叠,导致统计分析失真。而因子分析法则能有效地克服这些局限,对高校绩效情况进行科学的评估。因子分析法是近年来颇为流行的多元变量统计方法。它是用较少个数的公共因子的线性函数和特定因子之和来表达原来观测的每个变量,从研究相关矩阵内部的依赖关系出发把一些错综复杂的变量归纳为少数几个综合因子的一种多变量统计分析方法。人们在对现象进行观测时,往往会得到大量指标(变量)的观测数据。这些数据在带来信息的同时,也给数据的分析带来一定困难。另外,这众多的变量之间可能存在着相关性,使实测到的数据所包含的信息有一部分可能是重复的。因子分析法就是在尽可能不损失信息或者少损失信息的情况下将多个变量减少为少数几个因子,这几个因子可以高度地概括大量数据中的信息。这样,既减少了变量个数,又能再现变量之间的内在逻辑关系。分析时根据相关性的大小将原始变量分组,使得同组内变量间的相关性较高而不同组之间的变量相关性较低。每组变量代表一个基本结构(因子),它们可以反映问题的一个方面或者说一个维度。把几个主因子的方差贡献率作为权重来构造综合评估函数,能够简化众多原始变量、有效处理指标间的重复信息,评估结果就具有很强的客观合理性。

二、高校教师绩效评估模型的建立

在对高校教师绩效进行评估时,简单的定性分析方法当然不能准确衡量各个教师的综合绩效水平,而用简单的量化分析方法又不能反映教师绩效的各个因素对于高校教师总体绩效水平的综合影响。因此,本书将在上文提出的高校教师绩效评估指标体系的基础上,采用层次分析法来对反映各级指标间相互影响因素的相对重要性的权数进行确定,构建模糊综合评估模型来对高校教师绩效水平进行模糊综合评估。其具体评估模型为:

$$B = A \times R$$
$$V = B \times X^{T}$$

其中,B 表示评判结果矩阵;A 表示权重集;R 表示模糊评判矩阵;V 表示评估结果;X 表示评语集。

运用该模型对高校教师绩效水平进行评估的具体方法如下所述。

第一,因素集的建立:以教师绩效为评估目标,将目标的要求逐级分解到具体指标,根据指标因素内涵大小和指标间相关程度,划分为目标层、准则层和指标层三级。

第二,评语集(X)的建立:综合考虑各因素对于教师绩效的影响,将评语集确定为 X={高,较高,中等,较低,低},为了便于分析,得到数值结果,可以将评语集具体量化为 X={100,90,70,50,30}。

第三,确定权重集(A):评估指标的权重可以表征评估指标的相对重要性大小;权重的合理与否直接影响着综合评估的结果;由层次分析法计算各个指标层的权重大小。

第四,确定模糊评判矩阵(R):通过专家打分、调查、座谈、讨论和个别访问等方式,对不同性质的评估指标进行分析,得出评判隶属矩阵 R。

第五,计算评判矩阵(B):根据公式 B=A×R 得到用于评估的评判矩阵 B。

第六，得出评估结果（V）：最终评估结果由 $V=B \times X^T$ 得到，最终评分分值越高，说明项目在所有评估指标上的综合表现越佳，从而说明教师绩效水平越高，反之亦然。

如某高校拟对本校教师进行一次统一的工作绩效评估，并以评估结果作为教师年终工作考核的主要依据。下面将通过对某一特定教师的工作绩效水平作出评估。将评语集 $X=(100,90,70,50,30)$ 代入公式 $V=B \times X^T$ 即可得到最终的评估结果 V，并且最终评判结果 V 的值介于 30 和 100 之间。若 V 值越接近 100，则说明该教师的绩效水平就越高，越接近 30 则说明该教师的绩效水平也就越低。

三、高校薪工控制

伪造领薪人姓名、不严格执行考勤考核制度、不按考核结果计酬、超付工资或照常支付离、退休及死亡人员工资等，这是高校教师绩效管理中经常出现的舞弊现象。加强对薪资工作的控制，不仅有利于制约上述舞弊行为的发生，同时也有利于调动广大员工的积极性以提高工作效率和工作质量。

（一）薪工控制的内容

1.人事职能控制

任何高校的劳动人事部门均要根据高校的实际情况提出员工规划、工资预算、分配计划及培训办法等。如根据高校现有员工状况及未来发展需要，提出员工规划；根据员工规划、劳动法及其他相关的法律法规、高校工资制度，提出工资总额预算；根据高校员工分布情况及工资总额预算、工资分配制度，提出工薪分配计划和考核奖惩办法；根据员工素质状况，结合具体工作和未来发展规划，提出员工培训计划（包括岗前培训、常规教育、业务技能培训、专职脱产培训等）。上述计划编出后，应由高校最高管理者批准并授权劳动人事部门去执行。高校最高管理者还应授权劳动人事部门指定专人负责工资单的编制工作，指定专人负责人事档案的记录和保管工作，负责员工考核结果的兑现。

第一，劳动人事部门录用新员工时应符合国家有关法律法规的规定及高校发展的需要。劳动人事部门应根据经批准的员工规划，采用适用的招聘方法进行招聘，并拟定录用人员名单，报请高校管理者审批。经批准录用的员工，应由劳动人事部门代表高校与其签订劳动合同。劳动合同应包括的内容有：合同期限、工作岗位、工作条件和劳动保护、工资和福利待遇、奖励和处罚、合同终止和解除的条件、违反合同的责任以及劳动争议的解决办法等。对试用期满后的员工，劳动人事部门应根据测评意见及平时考察情况提出是否正式录用的意见，并报请高校管理者审批。员工录用后，对其岗位和职务的安排，应遵循"人尽其才、人尽其责"的原则。人员录用后，应由劳动人事部门核定工资标准，记入人事档案。有关新进人员的姓名、工资标准、扣除项目及始发期，应立即通知薪资部门，并抄送新进人员所属部门主管。

在员工工资发生变动时，人事部门应将新的资料记入员工档案，并于生效日前通知薪资部门。员工停职，人事部门应将解职通知送交薪资部门。薪资部门的各项工作及编制工资表所列的姓名与工资标准等，均应根据高校所签发的正式文件办理。

第二，员工培训应充分考虑员工素质状况和高校发展规划的要求。新录用的员工，由劳动人事部门根据培训计划实施岗前培训。培训内容应包括高校概况与要求、职业道德、规章制度等。员工的常规教育，应结合高校的具体经营情况和新法规、新规章的要求进行安排。业务技能培训，可根据新材料、新工具、新技术应用需要安排，也可根据转变和提高业务技能的需要安排。对需要进行脱产培训的员工，应经高校管理者批准后，有计划地妥善安排，但必须考虑实际工作的需要，做好接替工作，不能影响正常的工作秩序。高校应该制订鼓励员工主动学习新技术、新知识的措施,以利于全体员工素质与技能的提高。

第三,劳动人事部门应严格贯彻执行对员工的考核办法,并进行实事求是的考核,将考核结果作为奖惩、培养、辞退、晋升和调整工作岗位的依据。高校各部门应根据考核办法,对所属员工按月、按季或按年进行考核,根据考核结果提出奖惩意见并交劳动人事部门。考核结果也应反馈给员工,以利于职工改进不足,发扬长处。劳动人事部门汇总各部门考核情况及要求奖惩的情况,在做适当调查的基础上提出奖惩意见,报请高校管理者审批。劳动人事部门根据批准情况办理奖励事务,对奖金奖励的,由专职人员填制奖金单,交财务部门发放;对升级、升职的,按照具体规定办理并记录人事档案。劳动人事部门在接到要求惩处的申请后,应认真对照高校奖惩办法中的规定,视其是否相符,并要进行认真调查、听取本人意见、征求工会意见,核定事实后,提出惩处意见,报请高校管理者批准。劳动人事部门根据批准的意见办理惩处事务,对扣除工资、奖金的,由专职人员填制工资扣款单,交由财务部门扣款,其他处分按有关人事制度规定办理。

第四,劳动人事部门应根据高校有关人事制度办理辞退和离职等人事变动手续。当出现合同中规定的辞退情况时,由员工所在部门填制员工辞退审批表交劳动人事部门,或直接由劳动人事部门填制辞退审批表。劳动人事部门应调查核实有关情况,对照合同中有关条款签署辞退意见,报高校管理者审批。批准后,由劳动人事部门通知员工及其所在部门,按规定办理交接手续及相关事宜,并记录人事档案。对因考核或工作需要的岗位变动,劳动人事部门应填制岗位变动审批表,报管理当局批准后,通知员工办理交接手续,并记录人事档案。员工辞职,一般应由员工向所在部门提出书面申请,劳动人事部门接到转交来的申请后,报管理当局审批,批准后由劳动人事部门通知员工办理移交手续,并记录人事档案。

2.工资计算控制

任何高校均应建立工资计算制度,选择适合本高校的工资标准和计算方法。工资一般应包括基本工资、奖金及工资性津贴。工资计算制度主要包括以下各项内容。

第一,工资计算应以考勤结果为依据。因此,各高校应建立健全考勤制度,考勤制度应明确规定各类假期的期限与工资待遇。日常考勤工作应由教师所在部门执行,劳动人事部门应加强检查和监督。

第二,员工请假,应填制请假单,在其部门领导签字之后自行送到人事部门,在审批权限内劳动人事部门直接审批,倘若超出权限则报高校管理者审批,请假获准后,由劳动人事部门通知员工并由考勤人员进行登记。

第三,加班记录及劳动定额完成记录应由员工所在部门领导签字核准后,送交劳动人事部门认可。

第四,工资结算部门根据日常考勤记录,劳动(工作)定额完成记录、请假记录及考核结果的相关机率,按照高校工资计算规定及时编制工资单和计算奖金及各项社会保障金扣款额,经复核无误后交财务部门。财务部门根据员工工资所得,计算代扣个人所得税额、其他代扣款和实发工资,进行相关财务处理。

3.工资发放控制

如果用现金发放工资,应以装工资袋为宜。工资发放,高校应根据工资表实发数总额,以现金支票提取现金;然后根据个人实发数,分装个人工资袋;当时发生差错,当时查清,不得留到签领后再查。以现金发放工资时,个人应在工资表上签收,凡遇缺席,应将工资袋妥善保管,绝不可交由他人代转。若以现金发放工资,装好工资袋后一般不可将其分送各部门主管代发。

(二)薪工控制的措施

(1)人事管理职能集权化,由专门部门和人员负责。(2)人力资源计划的制订与其他的组织活动相协调。(3)制订人事和工资的预算;(4)人员的招聘要根据不同部门的实际需要。(5)对重要的职位进行工作业绩的分析、考核与评估。(6)为员工提供适当的培训和发展机会,并将培训和发展的活动记录于单独的人事管理文件。(7)为员工提供适当的福利待遇。(8)由管理层对员工的业绩进行定期的考核与评估,并将考核结果记录于员工个人的人事档案。(9)员工的提升、职务调整和解聘必须经过审批,并记录于员工个人和部门的人事档案。(10)人事档案应妥善保管,以防损坏、遗失和非法接触。(11)组织向养老基金、政府有关代理机构和保险公司所尽义务的情况,应向管理层、外部审计人员和法律顾问进行审查,以保证组织更好地遵循有关的规定,履行有关的义务,并及时调整组织的有关政策。(12)管理层和法律顾问定期对劳动合同进行审查,以保证组织政策得到有效的遵循和灵活调整。(13)制订适当的政策和程序,及时了解员工的意见和要求,并采取有效的措施予以解决。(14)员工工资状况的变动(包括由于雇用新员工引起的工资变化),经审批后,向工资结算部门报告。(15)劳动人事部门和工薪结算部门定期将工资文件和相应的人事文件进行核对。(16)员工的工资以劳工合同或组织政策的形式予以确定,并应经过一定层次的管理人员的审批。(17)工资的扣除项目和扣除标准,由员工个人在有关的声明上签章,以示同意。经过签章的声明应附在员工个人的人事档案上。(18)工资单最好由电算化的工资系统来编制,否则,应由独立的人员来负责。此外,由专人负责将工资单与工资文件进行核对,审核工资单的完整性;该人员同时负责审核从劳动人事部门获取的工资输入文件。(19)若工资以现金支付,应由独立的代理机构负责现金的发放。发放现金工资,可把工资装入专门的工资袋。此时,把现金装入工资袋的职员,不能负责工资单的编制。此外,现金应由两名职员分别点计,两人的点计金额核实一致后,才能装入工资袋。(20)员工领取工资袋或工资支票后,应在收据上签章。(21)为工资支付开立专门的银行账户。(22)工资支票的签发人能同时负责支票的填制。该签发人对有关会计处理和现金管理无须承担责任。如果用签章的方式来签发支票,专用章应由独立的人员来保管,其使用应受到严格的控制。(23)工资支票由工资部门直接发给员工,不经过员工的主管。(24)未领的工资应存入专门的银行账户,或者指派独立于工资部门以外的专门机构或人员负责保管。由于员工生病或出差等原因造成工资在短期内未被领取,该未领的工资可由员工所在部门或人事部门代为保管。(25)在条件许可的情况下,考勤部门最好与工资部门分离。(26)考勤记录与成本核算中的人工成本记录应定期与工薪结算部门的工资核算进行核对和调整。(27)由员工个人填写工时卡和工作量统计单,并出专人进行审核。(28)工薪结算部门应定期进行职务轮换。

(三)薪工控制的重点

1.人力资源规划控制的重点

(1)人力资源计划须每年、每季更新。(2)人力资源规划是全面性的,需考量升迁、教育、训练、薪资、激励、福利等项目。(3)达到所需可用人力资源的"前置时间",在做人力资源规划时应予顾及。(4)人力资源如有"冗员",会造成员工劳逸不均与挫折感,应极力避免。(5)员工职业规划的制订,应考虑个别员工的能力、个性等差异,并且具有前瞻性,必要时可采纳员工的意见,以使其对高校产生认同感。

2.招聘作业控制的重点

(1)招聘和选拔的基本目的是增加选择适当人员的成功概率,因此招聘、选拔方式的选择,要视其个别情况及应用此种方式的可信度及有效度而定。(2)员工均须经审核或测试合格后,方可依规定聘用。(3)人员选拔,除注意学历及经历外,应测验其学识、专业技能,并重视操守品德及身体健康。此外,亦可函询应征者过去服务高校主管的评语意见,作为取舍参考。(4)新进人员招聘和选拔作业程序应依高校规定办理,应征应缴的文件表格须齐备,各阶层人员的任用应依规定的核准权限办理。(5)选拔时,避免主观印象及给予规定外的承诺,双方均应坦诚相向。(6)选择的招聘方式务求客观公正,为高校遴选最优秀的人才。制订的招聘条件须保持适当弹性,当市场人力供应不足时,不妨稍微放宽,人力剩余时,条件不妨稍严。

3. 任用作业控制的重点

(1)经营财、物人员必须有必要的担保手续。(2)按规定办妥一切手续,并建立员工个人基本资料。(3)工资标准依照规定办理。

4. 培训作业控制的重点

(1)职前训练须能帮助新人明确了解高校的组织体系、各职掌、各项管理规章、高校文化,进而迅速适应工作环境,熟悉作业程序,发挥工作效能。(2)训练内容应充实、生动,任何课程均有充分准备。(3)负责安排、设计训练课程的人员或部门必须适当。训练可提升员工的生产力,具有前瞻性,应与高校各项政策相互配合。(4)训练研习计划必须与人力规划密切配合,同时视业务需要,设计适当课程。训练期间尤其应重视考核,并将受训成绩列入人事记录,作为派遣、升迁的重要参考依据。(5)管理者对下属受训的表现应予以指导及协助。

5. 考勤考核作业控制的重点

(1)上班及下班时间,应按时考核。如有迟到、早退或旷工情形,均依高校规定作适当处罚。(2)员工请事假、病假、婚假、丧假、产假、公假及特别休假,均依规定办理。(3)员工请假手续、限制天数、证明文件、扣薪办法等,均依规定执行。(4)绩效评估的目的是协助人力资源决策的制订及员工的发展。(5)评估标准与计算方式应事先告知员工。(6)主管与员工讨论评估结果时,双方均要有所准备。主管对员工的评估回馈应具有建设性,同时对员工应充分了解。(7)各级主管为办理员工考绩,应设有考评记录,考核方式应客观、公平。

6.奖惩升迁作业控制的重点

(1)各部门主管申请奖励员工事项,应依规定签报,同时具有充分条件及佐证,并定期发布。(2)各部门主管申请惩罚员工事项,应依规定签报,必须经过慎重审议,考虑各项因素后再作适当决定。(3)报请升迁人员应符合高校晋级条件,按规定程序报请核定,并依权责发布。(4)现行晋级办法必须具有鼓励作用,有助于高校提拔人才,提高工作士气。(5)奖惩升迁必须做到公平、公正、公开。

7.工资作业控制的重点

(1)底薪、津贴、加班费、各项扣(罚)款及各项代扣款,应依高校标准及相关法律规定计发。(2)代扣员工工资所得应依下列规定办理:第一,依扣缴率标准表按月代扣;第二,代扣款逐期报缴。(3)代扣保费应依下列规定办理:第一,依员工所得投保的金额按保险金额表列的等级每月代扣;第二,代扣保费逐期缴送相关高校。(4)工资按上、下两期如期发放,工资表经主管签章后办理发放作业。(5)发放现金的,员工必须亲自领取工资袋,并在"工资领取登记簿"上签名盖章,未领的工资必须作适当处理。

8.福利作业控制的重点

(1)福利措施应合乎高校的负担能力,并让员工满意。(2)福利工作应确实依照规定执行。(3)福利金收支、账务、出纳必须控制良好。(4)职工福利委员会应定期向员工报告公司福利金的收支情形。(5)福利金支用应避免浪费或不必要的支出。(6)各项福利项目应符合员工需求。(7)各项活动的员工参与度应予以加强。

9.离职、退休作业控制的重点

(1)员工离职、资遣、退休,应查明有关规定慎重处理。有关员工自动要求离职的,应个别查明原因,采取适当措施,以降低不必要的人员流动率。(2)员工离职、退休,应在高校规定时间内提出申请,办妥手续,并做好工作交接。(3)符合资遣条件时,应查明已无其他可供选择的途径,方可资遣。(4)退休员工享有的权利,除已届龄者外,其余经验丰富、办事得力者应设法挽留。

四、绩效评估反馈流程

高等教育进入大众化阶段后,人们越来越关注高等教育质量,其中,进行绩效管理就是提升高等教育质量的重要方法之一。绩效评估是绩效管理实施的关键环节,其具有非常重要的作用。管理者能够以绩效评估为载体进行人力资源管理,但是绩效评估的最终目的是将组织的目标和个人的目标联系或者整合起来以提高组织的效益。基于此,要想切实实现这个目标就必须将评估结果的处理和运用置于重要的位置上来。本书认为可以通过两条途径对绩效评估结果进行处理:一条途径的主体是高层管理者,实际上就是将绩效分析结果上报给高层管理者;另一条途径的主体是被评估者,即教师本人,就是将绩效评估结果和报告直接反馈给教师个体。在绩效管理过程中,只有高层管理者和教师都积极参与才能实现最终的目标。

(一)高校教师评估目的的特殊性

绩效评估最早普遍用于公司。学者对高校绩效评估的研究也是通过对公司的调查研究得来的。企业是以营利为目的的,追求最大剩余价值是其根本所在,而高校的职能是培养人才、服务社会和科学研究。高校教师绩效评估的普遍兴起是由于高等教育质量逐渐成为社会关注的焦点,实施教学和管理的直接承担者及其教学管理绩效是高等教育质量的关键所在。因为教育有不可逆性,所以高校进行绩效评估的最大目的是保证教育质量,提高教学效果。具体来讲,高校进行绩效评估的目的有以下几点。

（1）使被评估教师认同对其绩效表现的评估以消除分歧和矛盾。

（2）使教师认识自己的成就和优点，从而有利于教师充满信心地弥补缺陷和不足。

（3）通过沟通分析问题出现的原因，并根据学校的发展目标共同确定下一个阶段的任务。

（二）高校教师评估客体的特殊性

高效教师评估的客体是教师。高校教师是一个特殊的群体，与其他部门的员工相比，往往具有高学历、专业性强等特点，在个性、价值观念、心理需求、行为方式等方面具有很多特殊性，具体体现在以下三个方面。

1.高校教师具有较高的素质

高校教师绝大部分都是受过正规化高层次教育的人，具有较高的学历、开阔的视野、博而专的知识、积极的思维方式、强烈的求知欲望、较强的学习能力以及其他方面的能力素养。

2.高校教师具有强烈的实现自我价值的愿望

高校教师渴望展示自己的才能，喜欢具有挑战性的工作，而且特别注重他人、组织、团队和社会对自身的评估，希望得到认同与尊重，更看重工作的成就。

3.高校教师具有较高的创造性和工作自主性

高校教师在除授课以外的时间里，从事的大多是创造性的劳动，依靠自身的专业技能进行创造性的思维，不断产生新的知识成果。他们倾向于拥有宽松的、高度自主的工作环境、有弹性的工作时间安排，强调工作中的自我引导、自我管理和自我调节。

在对高校教师实行绩效管理，尤其是在进行绩效评估反馈时,首先必须考虑到教师这个特殊群体的诸多特点。如果忽略了高校教师的这些特点,高校的绩效管理就达不到预期的效果。

(三)高校教师绩效评估反馈流程设计

1.专家对评估结果进行分析

评估体系和技巧决定着评估结果的可靠性和有效性。但是在绩效评估的过程中往往会存在一些计划之外的实际问题。那么,在对高校教师绩效评估结果进行处理时,就需要专家对评估结果进行分析,而不是通过简单的比较得出结论。专家通过对信息的加工、整理,得出绩效评估对象(高校教师)的评估指标数值状况,将该评估对象的评估指标的数值状况与预先确定的评估标准进行对比,通过差异分析,找出产生差异的原因、责任及影响,最后形成绩效评估的分析报告。采取专家对评估结果进行分析的措施,一方面是为了尽量确保绩效管理的有效性和可靠性;另一方面可以为教师个体和高层管理者提供组织总体的绩效发展概况,并提供相应的诊断建议。这样,教师个体可以确定自己的工作优势和有待于提高的绩效领域;高层管理者也可以据此对教师队伍进行激励管理,帮助教师制订绩效改进的计划,以实现高校的组织效益。

2.将评估结果反馈给教师

绩效反馈是绩效管理中最关键的一个环节。管理者应把绩效评估所得到的结果真实地反馈给教师,并清楚解释结果的由来,使教师了解到自己工作的绩效,认清自己工作中的不足,进而制订出绩效改进计划。但是,对很多管理者来说,没有什么事情会比向员工提供绩效反馈更让人不愉快的了,当人们听到对自己不利的消息时,往往会产生自我防卫。绩效结果的反馈是一个难题,也是一个不可回避的问题。每位员工都有其专长,这也就意味着每位员工都有其需要改进的方面。作为管理者,向员工反馈消极信息,和员工谈论他们的不足之处,常常会感到难堪。尤其是高校的管理者,他们面对的是一个特殊的群体,高校教师与其他部门的员工相比往往具有学历高、专业性强等特点,所以往往在个性、价值观念、心理需求、行为方式等方面具有很多特殊性,要想成为成功的高校管理者必须要充分地了解并善于利用这些特点对教师进行管理。因此,向高校教师进行绩效反馈时就必须讲究方法和策略。

(1)管理者必须是真诚的,反馈的氛围是恰当的。

在进行反馈之前,管理者要做好充分的准备;和教师商定面谈的时间和地点,选择双方都有比较空闲的时间以确保反馈时双方都能集中注意力,认真对待这件事情,而不是走过场。地点最好是选择比较舒适、放松的环境,如小型会议室、类似咖啡厅的休息地点。最为重要的是管理者要熟悉面谈教师的评估资料,不仅包括他的工作情况,还要包括他的背景、经历、性格特点等。只有对反馈对象有了充分的了解,管理者才可能预测到在反馈过程中可能出现的问题以及应对策略,知己知彼,才能百战不殆。这种做法也使教职工在反馈前能够做充分的准备,可以引导管理者重新回顾自己的绩效行为、态度和结果,准备好相关证明自己绩效的依据;准备好要向管理者提问的问题,以帮助自己解决工作过程中的疑惑和障碍。

(2)反馈是对具体行为的反馈。

在反馈过程中最忌讳的就是说大话、空话、套话,无论是表扬还是批评,这样的话都不会达到预计的效果。例如,"你的表现很出色"这样的话最多只会让听者一时感觉很好,但对以后的工作发展起不到多大的作用;而"你的课堂气氛很活跃,而且有秩序,活而不乱",听者在听到这样的话时就会回忆起自己上课时的情景和心态,有意识地积累经验,为以后的工作发展打下基础。另外,对消极消息的反馈越笼统,否定的意义越强,听者就会越反感。因此,管理者要针对具体的行为和事实给教师作出具体的反馈,用具体结果支持结论,引用数据,列举实例,这样才能让教师心服口服。

（3）管理者要提高沟通技巧。

①沟通是人际关系和谐的必要条件，有效的沟通才能够达到好的效果。如果管理者在绩效反馈过程中没有应用有效的沟通技巧，结果只会适得其反。因此，要达到预期的效果，管理者必须提高沟通技巧。沟通必须以平等为原则，保持双向的沟通。过去管理者和员工的沟通往往是上级找下级谈话，以命令、训斥的方式进行，下级只能是被动地接受。这样，教师的真实想法就没有表达的途径，一些好的建议和意见被压制。只有以平等为原则，才能实现有效的双向沟通，才能使全体教师参与到管理活动中来，教师才能意识到是自己在管理自己，这就迎合了高校教师较强的自主意识。在沟通时把重心放在"我们"上，即用"我们"作主语，不使用带有威胁、恐吓的语言和语调，这样管理者才能获得教师的真实想法，才能集思广益，达到沟通的目的。在沟通时应该侧重经验的分享，思想的交流。在指正教师的绩效缺陷时，不应该说"你怎么能……""你不应该……你应该……"听到这样的话语，教师会感到自己处于不平等的地位。作为管理者可以举出在这方面成功的例子，也可以分享自己的经验："我当时是这样做的……"让教师自己从中体会，汲取精华。在批评时避免使用极端化的字眼，如"总是""从不""太差""太糟糕"等。因为这些极端化的词语在用于表达消极结果时往往使人感到评估缺乏公平性和合理性，从而使被批评者增加不满情绪，同时感到心灰意冷，严重打击其自信心。因此，管理者在传达消极绩效时，应尽量使用中性词，使用相对缓和的语气。

②管理者在进行绩效反馈时首先应鼓励教师对自己的工作进行评估。通过自我评估，教师能对自己的工作绩效进行认真的反思，从中发现自身的优势与不足。

③少批评多鼓励。绩效反馈的目的不仅是发现教师存在的问题，更重要的是去解决问题。绩效反馈也是管理者对教师进行激励的有效途径。通过绩效反馈，管理者应对教师的成绩给予肯

定并表示祝贺;同时,管理者还应该有技巧地提出教师的问题,而不应该直截了当地贬损。通常情况下,当教师意识到自身的绩效问题时都会努力寻求方法改进,如果管理者只是不断地批评,教师会反感,产生防御心理,结果适得其反。少批评多鼓励可以使教师在清楚地认识到自身的不足之后受到鼓励,增加完善自身的动力。

④多问少讲学会倾听。有效沟通的法则是 2/8,即 20％的时间留给管理者,80％的时间留给员工。在高校绩效评估反馈中,管理者应该在这 20％的时间内用 80％的时间来提出问题,20％的时间给出自己的建议,甚至是"发号施令"。之所以这样做,是因为管理者通过提问能够引导教师发现自己的问题并作出相应思考,这样能够减少教师的抵抗情绪。此外,一个好的管理者应该是一个好的倾听者,因此要将 80％的时间留给教师。

⑤管理者要明确沟通的目的在于解决问题。需要特别注意的是绩效反馈不只是为了发现员工的绩效问题,而是为了就这些问题找出解决途径。因此在管理者与被评估者沟通的过程中,应该将重点放在问题解决上,找出问题的原因,并且针对如何解决问题形成一致的意见。

3. 将专家的分析结果反馈给教师

专家对组织绩效结果的分析能够反映出整个组织的绩效现状,并且能够指出问题和提出改进建议。这就决定了将专家的分析结果反馈给教师既能让教师充分了解当前组织的绩效状况,并且将组织的绩效状况与自身的绩效状况进行对比,发现自己的优势和不足;还能为管理者与教师进行绩效评估反馈面谈提供理论依据。教师可以根据反馈信息提出自己的问题,可以提出相关的建议。这些问题和建议又能够反馈给管理者和专家,继而管理者对这些问题和建议进行综合考虑,专家对这些问题和建议进行分析,从而既为反馈会议的召开做好准备,又有利于促进整个组织的绩效提高。

4.反馈会议

高层管理者和教师可以通过反馈会议来进行有效沟通。在专家的指导下,高层管理者和教师通过共同改进计划并达成绩效目标的共识,由此使教师的个人目标和绩效改进计划与学校的发展目标和计划保持一致。开展反馈会议要注意以下几点。

第一,要营造舒适放松的氛围并明确会议的目的。在开展绩效反馈会议时,通过调查可知,教师常常有不愉快的经历。因此,在会议开始之前,教师一般会感觉到紧张、不舒适、反感。高层管理者要想在会议中实现双向的沟通,就要首先明确会议的目的,并且营造出轻松舒适的氛围来促进会议的开展。

第二,要鼓励教师表达出关于绩效评估的意见以及自己今后的打算,还可以针对组织目标发展提出自己的建议。高层管理者只有集思广益、优化选择,才能进行有效的绩效管理,同时在这一过程中还能增强教师的主人翁意识和归属感。

第三,要确定具体可实行的改进计划。在高层管理者和教师对绩效评估结果达成共识后,高层管理者和教师需要对达到个人的绩效目标和组织的绩效目标提出具体的改进计划。这样做,一方面,教师可以使自己的绩效改进计划得到领导的支持;另一方面,教师参加到绩效改进的过程中能够增加其对绩效管理制度的理解,有助于绩效管理制度的实施。

第三节　高校科研专项绩效评估

一、高校科研专项绩效评估的原则

(一)经济性、效率性、有效性原则

高校科研专项绩效评估要遵循经济性、效率型、有效性原则,

就是指针对财政支出行为及其过程的实际情况进行经济性、效率性、有效性的比较和评估分析，从而对支出的行为过程、执行的业绩、执行结果的优劣等进行判断。经济性、效率性和有效性是相辅相成的有机整体，不可分割。

（二）定量分析与定性分析相结合的原则

定量分析和定性分析相结合的原则要求以定量分析为主、以定性分析为辅。定量分析以指出项目的财务数据采集分析为基础；定性分析则是通过对项目支出的全面、综合因素进行分析，结合相关专家的意见，和定量分析共同评估支出项目的效果，从而更加合理、高效、准确地反映出支出的实际绩效。

（三）真实性、科学性、规范性原则

真实性是保证财政支出绩效评估公正客观的基础；科学性是以项目的实际情况为主，兼顾国家、国际比较标准，将预算标准和实际相结合，普遍适用和个别选择相结合，充分考虑财政支出的特点和运作过程，以真实反映和衡量不同资金使用受益单位（部门）管理和使用财政资金的能力；规范性是评估行为和结果始终贯穿和反映财政资金运作的全过程，强化、规范公共支出项目的选项、审批、监管、审核功能，增强财政资金分配和使用的责任制，使绩效评估对公共支出和预算管理起到激励和约束作用。

二、高校科研专项绩效评估的范围、对象和内容

（一）评估范围

我国高校科研专项绩效评估的范围原则上应当涵盖所有的政府高校科研专项，并对大部分经费实行强制性评估，对于一些规模比较小的经费或特殊经费实行非强制性评估。实行非强制性评估的具体规模标准，可由各级财政部门根据本地区的实际情

况确定。

具体确定评估范围时,要从实际出发,慎重考虑以下几个方面:一是考虑能否设计出明确的绩效目标;二是考虑评估成本的高低;三是考虑绩效评估操作的现实可行性。

(二)评估对象

高校科研专项绩效评估的对象就是高校科研专项使用者。从目前来看,主要是机构、项目和科研人员等。

科研机构的范围较广,应该包括所有使用财政科技经费的公共机构,如政府科研管理部门、公共科研机构(大学、科研院所)等。

科研项目是一个宽泛的概念,可分不同的层次和研究阶段。国家层面的项目如国家高技术研究发展计划(863计划)、国家重点基础研究计划(973计划)、国家支撑计划、知识创新工程、国家社科基金、国家自然科学基金等。本书所研究的主要是对纳入国家社科规划、由国家财政资助,并由国家高等院校组织实施的科研专项,主要包括人文社科类专项和自然科学类专项两大部分。

科研人员的评估,属于科研人力资源评估。凡是使用高校科研专项并从事科研活动的人员都应纳入评估的范围,评估科研人员完成任务的数量、质量、科研水平、能力、贡献等。

(三)评估内容

根据国内外评估研究和实施工作经验,高校科研专项的绩效应包括以下五个方面的内容。

1.适当性

适当性是指专项的目标是否符合国家经济社会发展的总体目标,是否具有紧迫性。主要评估内容包括专项目标和国家经济社会发展目标的相关性;专项目标设置的清晰程度和可评估性,包括目标内容是否清晰、边界是否明确、是否有具体的考核指标；课题设置与专项目标的相关性以及课题设置的协调性。

2.经济性

经济性是指用最低的成本获取一定质量的资源，如人员、厂房、设备等。它用来衡量资金使用是否节约，主要评估内容包括获取专项研究开发活动所需资源的成本是否合理，实际经费是否超出预算，资金使用和管理是否合法合规等。

3.效率性

效率性是指专项资源投入与产出之间的关系，即是否能以最小的投入得到预期的产出水平，或以既定的投入水平得到最大的产出效果，主要评估内容包括资源投入与项目各项活动任务的匹配情况、资源的使用是否存在浪费、活动的实施是否按照原计划进度进行，项目活动的组织管理是否高效等。

4.有效性

有效性是指专项目标的实现程度及专项实施效果，主要评估内容包括专项目标的实现程度、专项实施的经济效益以及专项实施对技术、产业和经济社会等方面的重要影响。可见，高校科研专项的绩效评估涉及专项的管理、投入、产出，实施的效率和效果、影响以及合规性管理等各个方面。

5.特殊性

第一，容易导致科学研究的短期行为。不恰当的评估活动必定会给科学研究带来负面影响，如过于频繁的评估给科研人员造成额外负担，不合理的评估指标对研究起到误导作用。尤其是在评估中强调科学研究在短期内出成果，可能会导致科研活动中的短期行为，从而极大地损害科学事业的基础。

第二，科学经费来源的多元性。科学家的研究成果往往不是在某一个资助机构的单独支持下完成的,而是与其他经费来源共同资助的结果。把这种多渠道资助的成果仅作为某一个资助机构的成果指标,显然是不科学的。科学成果的不可分割性也使资助经费的使用无法计量出相应的产出。

第三,科学成果的难衡量性。科学成果有其自身的特殊性,没有什么定量方法可以真正衡量科学研究的质量。研究结果的许多方面无疑是可以量化的,但研究活动中很多最重要的方面却难以用定量指标来衡量,如科研成果的外部效应、科研成果的后续影响性等。

(四)评估方式

评估方式应该根据评估对象和评估目标等具体情况和要求来确定。就高校科研专项的绩效评估而言,可以考虑采取行政评估、专业机构评估、专家评议等多种方法相结合的方式。

行政评估由财政部组织有关部门进行,并可考虑现有的财政监督职能内增加对绩效评估的要求,扩充绩效评估的内容,逐步使绩效评估成为财政监督工作的重要内容之一。

专业机构评估主要委托社会化的专业机构来完成,财政部门对评估的方法、内容和结果进行审核认定,并对担任评估工作的专业机构进行必要的资格认证。

专家评议法是指该领域或相关领域的专家的评议,即通过一定的方式(如专家意见征询表、专家会议等)征求若干个专家对被评对象的评估性意见,然后对专家意见进行分析与综合。它最早来源于科研领域的同行评议,是国内外科研领域使用非常广泛的一种评估方法。同行评议的定义是:"同行评议是用于评估科学工作的一种组织方法。这种方法常常被科学界用来判断工作程序的正确性,确认结果的可靠性以及对有限资源的分配(诸如杂志版面、研究资助经费),公认性和特殊荣誉。"专家评议法已不限于科研领域,所谓专家也不限于科研领域的同行专家,而根据被评对象的特点以及评估活动的需要,包括经济、文化、市场、管理等各相关方面的专家,即这里的专家泛指的是在该领域或相关领域具有相当的专长和学识、具有较高权威性的人员。

三、高校科研专项绩效评估指标体系

(一)高校科研专项绩效评估指标体系设置的原则

科研专项绩效评估指标的建立关系到评估结果的好坏,关系到各科研承担机构项目实施的好坏,良好导向的科研专项支出指标体系对于提升专项支出的效益具有至关重要的意义。因此,在设计科研专项支出绩效评估指标体系时必须遵循一定的原则来严格设计。

1.相关性原则

相关性原则是指科研专项支出绩效评估的衡量指标应该和政府部门的目标、项目的绩效目标以及评估的目标有直接并紧密的联系,从而保证指标评估体系真正能起到评估科研专项支出实施情况的作用。一旦不符合相关性原则,绩效评估指标不仅不能提高产出和支出效果,还会对支出的方向起到误导作用。例如,投入或产出的衡量相对容易,但是与项目成果目标的相关性存在问题,单纯的投入指标或产出指标就不能很好地反映项目的实际影响。由此可知,在指标体系的选取中一定要牢固遵循相关性原则。除此之外,指标的相关性还能够在整个指标体系内形成一种内部制约的关系,从制度上杜绝数据造假现象的发生。

2.可比性原则

可比性原则是指对具有相似目的的项目选取共同的绩效评估指标,保证绩效考评结果可以相互比较,使不同项目之间的衡量结果可以相互比较。可比性原则十分重要。首先,不可能对每个项目都设计不同的衡量指标,这样既不经济也不具备可操作性,所以要对具有相似目的的项目进行归类,采用相同的指标进行考核;其次,类似项目之间的比较可以提供较为完备的信息,起到节约成本的作用;最后,可以用于分析项目支出没有达到预期目标的原因,帮助找到解决问题的方法,并对同一领域的其他相似项目进行比较,清理交叉、重复的项目,重新有效分配资金。

3. 经济性原则

经济性原则是指绩效评估指标的选择要考虑现实条件和可操作性,绩效信息的获得应符合成本效果原则,在合理成本的基础上收集信息进行评估。对效率和效果的重视是绩效预算的根本,绩效指标的选取也不例外。由于技术或环境等因素使得一些重要指标收集成本太高,就需要考虑一些评估效果一般但收集成本低廉的指标作为替代。经济性原则还要求指标在满足评估目标的前提下尽量精简,减少指标之间的信息重复,选定的指标应承载尽可能大的信息量,从而降低指标信息收集的成本。因此,设计评估指标体系是为了实际应用,不仅设计者会用,更重要的是要使有关使用部门会用。因此,设计评估指标体系要做到以下三点:(1)评估指标体系要繁简适中,计算评估方法简便易行;(2)评估指标所需要的数据易于采集,适合目前的预算管理水平;(3)各项评估指标及其相应的计算方法、各项数据,都要标准化、规范化。

4. 科学性原则

科学性原则是指所选择的指标应概念准确、含义清晰,指标体系内各指标之间相对独立。科学性原则是绩效评估指标体系在实施中有效发挥作用的基础,坚持概念的客观性,使不同的评估主体对同一概念有相同的理解或评估者和被评估者之间对指标的概念、含义有共同的认识,减少评估过程中的冲突,提高评估效率。指标体系内各指标的相对独立是为了保证指标体系对项目的评估可以提供最大的信息量,也使得某个指标出现失误不致影响到其他指标的作用。

（二）高校科研专项支出绩效评估指标分类

1.绩效目标指标

绩效目标指标通常包括：科研专项支出目标描述的明确性，绩效目标制订水平（合理性、明确性、可考核性等因素），界定绩效责任的明确性。

2.投入与支出指标

投入指标是科研专项绩效评估中比较明确和易于测量的指标，包括资金、人力、物力、时间等资源的投入与支出情况，其中资金是重点。产出这里仅指科研专项投入的直接产出，长期的、潜在的结果不在本部分体现，产出的衡量一般通过比较明确和易于测量的指标来确定。

3.结果和影响指标

结果包括科研专项支出的间接社会效益和长期结果及影响。一般而言，所资助科研专项的长期影响是一种长期的效果，社会效益是项目实施后的正效应，这些均难以通过比较明确和易于测量的指标来反映，在操作中存在一定的难度。

4.执行效率与管理指标

一方面要反映科研专项资源配置的效率和资源利用的效率，包括科研专项资金分配布局的合理性、绩效的结构合理性、资金使用的经济合理性、投入产出比等；另一方面要反映科研专项承担主体在承担科研专项研究的过程中所体现出的经费管理水平、制度规范化等内容。

（三）不同科研专项绩效评估指标的选择

按照科学研究的对象分类，可以将高校科研专项分为自然科学和人文社会科学两大类。因此,在进行科研专项支出的绩效评估时,还必须充分考虑到学科差异性,针对不同的学科设计不同的评估体系。

1.自然科学类科研专项绩效评估指标体系

自然科学是研究自然界的物质形态、结构、性质和运动规律的科学,自然科学的主要产出在于客观性的、不以人的意志为转移的规律。自然科学是无国界的,并且多以理、工科类科研专项居多,因此,在设计自然科学类科研专项绩效评估时,应当充分考虑到自然科学的特点,多侧重于可衡量的产出指标,包括经济产出指标和科研创新指标等内容。

2.人文社会科学类科研专项绩效评估指标体系

人文社会科学是指以社会现象为研究对象的科学,如政治学、经济学、军事学、法学、教育学、文艺学、史学、语言学、民族学、宗教学、社会学等。其任务是研究并阐述各种社会现象及其发展规律,其产出多是关于人类社会运行与发展的系统知识和理论,使人类能够更好地、更有效率地管理社会。因此,在设计社会科学类科研专项绩效评估指标体系时,必须侧重于专项投入的结果、影响指标。

第四节　高校财务绩效与管理制度创新

一、财务绩效与高校管理制度创新的原则

(一)提高绩效的原则

提高绩效原则是指在高校管理制度创新中把办学效益的提

升作为一个标准。高校管理制度作为一种规则,其最基本的功能是规范和约束高校活动,保障高校各项活动的正常运转。任何制度都有一定的绩效,高校管理制度也不例外。高校管理制度可以体现为内部绩效和外部绩效。高校管理制度的内部绩效就是这些管理制度规范和约束管理活动的程度,即降低高校管理的交易成本,提高高校管理活动的协调性和有序性。高校管理制度的外部绩效是这些管理制度在保障高校管理活动中的有效产出,如高校的人才培养、科学研究和社会服务情况。高校管理制度的内部绩效是外部绩效的基础和保障,高校管理制度的外部绩效是内部绩效的逻辑归宿。

(二)激发潜在活力的原则

所谓大学的活力,有学者认为,"大学的活力就是大学自主发展的能力,其本质就是大学自身对实现大学使命在意识上的高度自觉和实现使命行为上的坚定、自主和自由"。大学的活力使其能够适应不同社会、不同国家,大学已经成为当今世界的一种普遍组织现象和社会现象。大学的活力主要源于三个方面:(1)源于大学的理念。理念是大学的活力所在,当一所大学能够坚持其理念时,大学的活力就强;当一所大学失去所具有的理念时,大学就失去了其存在的意义,活力自然也就丧失。(2)源于大学组织内部各子系统之间的关系,包括行政与学术、教学与科研、学校与院系、教师与学生等方面,只有各系统之间能够协调一致共同服务于高校目标时,高校的整体活力才得以体现,而这依赖于学校的管理制度。(3)源于大学和外部环境的关系,包括高校与政府、高校与市场之间的关系。高校能否处理好各种关系,坚持自主办学的原则,也关系到其活力状况。

从高校管理制度来说,提高大学活力的核心就在于通过系列的激励机制,形成创新的制度新环境,使高校内部的各个系统迸发活力,进而完成大学所应有的使命,这是经实践证明的课题。唯有以此为原则构建发展战略与微观设计,才能实现高校的又好又快发展,实现人才培养、科学研究、服务社会的辩证统一。这不仅可以顺应时代的强劲呼唤,而且也是促进高校全面协调和可持续发展的重要手段。

(三)优化资源配置的原则

从教育领域来说,资源配置的实质就在通过科学的战略管理、合理的规划方案,解决教育服务的产出规模、结构和办学效益等问题。结合上述标准,高校的教育资源配置大致分三个层次:(1)宏观层次方面,国家通过一定的体制和运行机制,统筹安排有限的高等教育资源并将其分配于不同区域;(2)中观层次方面,一定的区域再将本区内稀缺的高等教育资源在本区高校间进行分配;(3)微观层次方面,高校内部对其自身拥有或控制的教育资源进行再分配。其"优化"的核心就是在高校内部资源的利用过程中把握战略重点、重整资源的配置格局,通过采取相应的方案、措施和方法,使资源从低效益的系统向高效益的系统流动,从而提高教育资源利用效益。

二、财务绩效视角下高校管理制度创新

(一)高校财务管理制度创新

高校财务管理是对高校财务资源进行协调配置的过程。根据不同规模,我国高校目前普遍实行的财务管理有"统一领导、集中管理"和"统一领导、分级管理"两种形式。

高校财务管理制度创新,就要结合"统一领导、集中管理"和"统一领导,分级管理"两种形式,实行"统一领导、资金集中、分级管理、内部核算"的财务管理体制。在这种新的财务管理体制下,学校保留统一的财务决策权,即制定学校财务政策、财务规章制度、经费分配政策的权力。同时,按照财权与事权相结合的原则,将部分财权下放给学院分级管理。学院对经费使用进行核算,接

受学校对资金使用的全面监督。学校财务管理实行分级管理，必须相配套地推进绩效预算管理，利用绩效预算管理作为学校管理的主线，结合绩效目标实现对全校财务工作的管理和领导，在分解绩效目标的基础上引导院系合理安排使用经费。这种绩效预算管理模式的目的是以绩效目标的实现为引导来提升学校财务绩效水平。

（二）高校人才培养制度创新

人才培养是高校的核心使命之一，也是高校的基础性功能。高校人才培养制度则是高校人才培养工作中所涉及的一系列规章和规则。人才培养始终是大学的第一要务。培养高质量、创新型人才，需要创新培养制度，使学生能够最大限度发挥学习潜能，激发其创新欲望，培养其创新能力。

我国高校在人才培养模式方面不断进行探索，提出了一系列有利于人才培养的思路，这些思路要通过制度化固定下来。这包括：从制度上实行本科生的大文大理培养，从制度上根除专业化的弊端；建立专业方向的自由选择制度，使学生根据自己的兴趣开展学习；通过完全学分制和有充分选择性的课程制度，使学生能自主地根据个人实际完成学业；建立各种实践制度，让本科生参与到科学研究之中；建立个性化培养制度，培养各类创新型的个性化人才。

（三）高校科研管理制度创新

科学研究就是知识生产的过程。高校科研管理是对科研过程中的主体和客体进行协调和约束，以提高科学研究水平的过程。目前高校科研管理工作基本由科研处负责，而科研处对高校的科研管理在很大程度上仅限于"被动管理"，即上情下达，按要求组织项目申报、检查、总结、验收、鉴定和报奖。这种管理模式已不适应当下促进学术创新、技术创新的要求，这其中有高校管理机制的问题，也有科研管理自身的问题。

　　高校科研活动的日益发展要求更精致的科研管理为其指引方向和提供服务,如何创新科研管理理念、模式、方法,提高科研管理水平是高校科研管理工作者需要不断探索和实践的问题。科研管理制度创新要重新界定科研管理部门的岗位职责。科研部门应当深入审视自己的管理范畴与管理职责,从自身的岗位设计开始,履行好科研管理的职责,真正做到全校科研工作激励者的角色。科研激励制度可以从三个方面进行:面向科研成果的激励制度建设、面向科研过程的激励制度建设、面向科研环境的激励制度建设。

第六章　高校财务困境的形成与应对

20世纪末至21世纪初的十年中,中国的高等教育取得了举世瞩目的成就。高等教育的规模取得了长足的发展,较快地完成了由精英教育发展阶段向大众化教育发展阶段的过渡,高等教育正在按照既定的方针健康、快速地发展。同时,我们应该看到,高等教育的快速发展和扩张使得中国高等教育的管理面临诸多的挑战与课题。扩招给高校的教学设施及办学条件所造成的压力不断加重,使得高校逐步陷入财务危机无法自拔。探究高校财务困境的成因,并找出有效的应对措施,是学术界及政府将要面临的重要问题之一。

第一节　高校财务困境的形成原因

在我国高等教育大众化的历史背景下,我国高校掀起了扩招与合并的浪潮。高校为了使其在教育主管部门主持的"大学教学评估"达标,不得不进行校舍的建设,使得学校的资金更加紧张。在资金紧张、政府拨款又不足的条件下,向银行贷款成了高校的无奈选择,由此产生了巨额负债本息问题,使得高校陷入更深的财务困境。因此,政府投入不足,高校扩招、合并以在"大学教学评估"达标以及负债运营,是高校陷入财务困境的主要原因。

一、高校财务困境的内涵

财务困境,亦称"财务危机(financial distress or financial crisis)"。国内外众多学者都对财务困境进行过研究,有的以财务指标来判定主体是否会陷入财务困境,有的采用更广泛的概念,涵盖财务发生困难时的多种情况,如包括破产(bankruptcy)、失败(failure)、无力偿还(insolvency)和违约(default)等。

财务困境和财务风险是既有区别又有着紧密联系的两个问题。财务困境是财务风险累积后的直接结果。风险水平的大幅提高是导致财务困境发生的根源。同样,风险水平的下降预示着困境发生可能性的降低,而且风险严重程度与困境严重程度成正比。

图 6-1 中,中间一条横轴表明未能有效管理和化解财务风险水平,财务风险时时刻刻存在,当财务状况良好时,出现财务困境的概率很小,这时财务风险也极小,在突发财务困境的前夕,出现困境的概率也最大。财务风险具有累积性,从而使得财务困境也往往具有突发性,当高校财务治理和财务管理领域存在深层次矛盾没有得到妥善解决时,会逐渐积淀成为潜伏的随时可能爆炸的"定时炸弹"。图 6-1 中,随着风险不断增大,高校财务健康程度是逐渐降低的,财务困境发生的概率随之增大,若这种风险达到高校所能承受的临界水平,就会危害高校正常运行,使高校陷入困境。

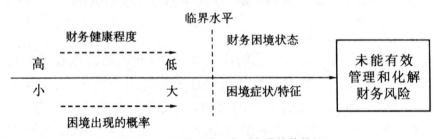

图 6-1 财务风险水平与财务困境的关系

二、高校财务困境的诱因

(一)高校财务困境产生的宏观背景

1. 高等教育大众化发展的相关理论

高校财务困境的历史背景是高等教育大众化,高等教育大众化是对高等教育发展阶段的描述,是高等教育发展到精英阶段后高等教育在规模、速度等方面发生的巨变及其所引起的在教育目标、结构、学术标准以及管理体制等方面的相应变化,是一个国家或地区为适龄青年提供的高等教育的普及程度。

1973 年,美国社会学家马丁·特罗在考察美国高等教育的量的扩大和质的变化后,提出高等教育发展的三阶段理论,该理论提出后,对世界各国高等教育的发展产生了深远影响。在马丁·特罗撰写的《从精英向大众高等教育转变中的问题》(1973)一文中,马丁·特罗提出了高等教育大众化的理论体系,以高等教育的毛入学率 15％以下、15％～50％、50％以上三个区间为界限,把高等教育发展进程划分为精英、大众和普及三个阶段,提出了高等教育发展的"三阶段论"与"模式论",并从高等教育的规模、观念、功能等多个纬度,论述并分析了高等教育从"精英"向"大众""普及"发展过渡中所引发的一系列问题。

马丁·特罗的高等教育发展的三阶段理论一经提出就受到社会的普遍重视。从各国高等教育发展的历程来看,这一理论具有一定的准确性,符合特定时期高等教育发展的规律。但是,随着高等教育的进一步发展,许多国家出现了一些与马丁·特罗当初的预想并不完全吻合的发展。为了阐明新问题和修正自己的理论,马丁·特罗在《精英和大众高等教育:美国模式与欧洲现实》(1978)一文中补充、修正和说明了自己的一些新观点。从这之后,日本、韩国等国家相继走上了高等教育大众化之路,其发展模式又与美国、欧洲等有着明显的差异。于是,日本的一些学者又对马丁·特罗的理论做了进一步的完善和发展。

马丁·特罗的三阶段理论属于描述性理论,他提出这一理论的时候,美国高等教育毛入学率正处于接近普化水平的时期,欧洲许多国家的高等教育毛入学率也已经超过了 15％这一大众化指标。因此,马丁·特罗的三阶段理论是建立在高等教育实践发展基础上的理论,是对高等教育发展历程中的规律所进行的总结;同时,这一理论是基于美国高等教育经验的总结,是对美国高等教育规律的分析。

马丁·特罗敏锐地发现战后美国高等教育规模的扩张给社会带来的深刻影响,他认为每个国家的高等教育问题都应该与数量增长相联系,并体现在高等教育领域的每个方面。为此,他将高等教育系统内各种变化都与数量增长相联系,使数量的增长成为高等教育大众化理论的逻辑起点。

马丁·特罗认为,高等教育数量增长的三个方面增长率、绝对规模的增长、毛入学率的变化与高等教育领域的质变存在一定联系。马丁·特罗关于划分高等教育三阶段的数量标准也不是绝对的,这个划分标准没有任何数学工具的支撑,或者说没有统计学上的意义;它是他的一种想象和推断,是一种根据事实而进行的逻辑判定,是他根据自己从事高等教育的经验对当时世界高等教育发展形势的一种判定。数字并不是一个非常重要的因素,并不一定具有实际的意义,5%、15%和50%不是一个固定的区别标准。它们并不代表一个点,而是一个区间。你同样可以认为6%、7%属于精英教育阶段,也可以对大众化15%的标准进行新的划分(李从浩,2006)。马丁·特罗有关高等教育大众化理论不是一个目标理论,它是对已经发生的高等教育现象的一种描述,是对历史和现实高等教育的一个总结。

我国学者对我国高等教育大众化阶段产生的一些问题也展开了研究,并且形成了相关的理论成果。邬大光(2003)认为,大众化理论是对高等教育内部活动所发生变化的一种分析,高等教育大众化所引发的大学与社会外部关系的演变,是高等教育研究的另外一个问题,并非大众化理论的重点。顾明远(2001)根据发达国家大众化进程的经验以及我国高等教育的现实,提出了建立多元化的高等教育发展目标。这里的多元化可以理解为,既包含结构、层次、办学主体的不同,又包含因满足不同需要所带来的专业、培养目标、教学方法与手段、管理制度、师资结构等的不同。马宁(2005)认为,从1999年以来,我国高等教育总体规模发展过快,远超过经济的增长速度和社会总体需要,将会带来社会风险。

因此,未来 10 年我国高等教育的发展策略应该是低速增长、稳步发展。

2.外国实现高等教育大众化的主要模式

"二战"后,世界各国的高等教育迅猛发展,许多国家已经步入马丁·特罗所判断的高等教育大众化的数量门槛,部分国家甚至达到普及化程度,高等教育的规模迅速增长给各国的高校带来了严重的经费短缺问题。解决高等教育经费短缺问题,大致形成了四种模式,分别是美国模式、西欧模式、亚洲及拉美模式、苏东转型国家模式(潘懋元,2007)。

(1)美国模式。

美国在 1950 年前后进入高等教育大众化,1990 年前后进入普及化。美国高等教育从精英阶段迈向大众阶段是在 1930 年至 1960 年前后,公立和私立大学呈同步发展的态势。在进入大众化阶段的 1960 年以后,公立的两年制学院快速增长,在校生规模迅速扩大,呈现以公立院校扩张为主的特点,维持美国高等教育规模、实现持续扩张的融资政策体现为多元化特点。民间投入、各级政府拨款以及学校的各项自筹收入,构成了美国完善的高等教育融资体制。各级政府拨款和民间力量的投入为规模扩张提供经费,为美国高等教育大众化直至普及化提供了坚实的经济基础。

(2)西欧模式。

西欧国家高等教育大众化开始于 20 世纪 70 年代以前,从 70 年代中期开始,许多西欧国家高等教育的毛入学率徘徊在 20%～30%之间,都未能进入普及化阶段,这些国家的高等教育大众化主要依靠公立高校,以政府财政拨款为主,民间投入很少,大众化发展过程缓慢。西欧是传统的高福利国家,教育历来被认为是公共产品和政府的责任,高等学校长期实行免费教育政策。"二战"后,受经济高速发展的裨益和人力资本理论的影响,政府包揽了高等教育的几乎全部费用,公立高校在各国高等教育体系中处于绝对的主导地位,私立高等教育在整个高等教育支出的总份额中所占比重很小。

这种完全依靠政府投入作为主要经费来源的高等教育大众化发展模式,首要问题是高校经费不足,政府拨款额的增长始终跟不上学生数的增长,生均教育资源逐渐减少。同时,由于长期缺乏对民间自主办学的激励机制,使各国高等教育在进入大众化发展阶段后发展缓慢,建立更适应市场需求的新型高等教育机构的发展动力不足。

(3)亚洲及拉美模式。

从20世纪70年代开始,在亚洲和拉美的一些国家实现了高等教育大众化的阶段,这主要得益于民办高校的蓬勃发展,以民间资源特别是学费作为主要经费来源。政府拨款以供给公立高校为主,公立高校适当收取学杂费作为补充;处于高等教育主体地位的民办高校主要依靠学杂费和募捐、基金维持,其中学杂费收入通常是最主要的经费来源。在政府财政拨款有限的情况下,通过收取学杂费和吸纳社会资金,较好地解决了高等教育规模扩张所造成的经费短缺问题;同时,通过私立高校间激烈的生存竞争,较好地满足了市场对高等教育的需求,形成了异质于欧洲传统大学的新高等教育体制。

这些国家和地区的公立和私立高等教育,普遍实行收费制,私立高等教育机构的经费最主要的是依靠学杂费。典型的代表是韩国和日本。1985年,韩国高等教育毛入学率已经达到34.2%,私立高校学生是公立高校学生的2倍还多,在私立高校总收入中,政府拨款仅占1%,82.3%为学费收入,同年公立高校总收入的49.6%也来自学费收入。日本高教状况接近韩国,私立高校容纳了全部在校生的70%以上,政府拨款除在20世纪70年代末和80年代初期超过10%,其余时候基本在7%~8%或更低;学费在高校收入中的比重则一直居高不下,私立大学保持在45.5%左右。

(4)苏东转型国家模式。

苏联和东欧社会主义转型国家的高等教育大众化进程是以

政治体制转型为界,前期主要依靠政府支持实现公立高校规模扩张,并在 20 世纪 80 年代中期达到了较高水平。转型后,各国开始积极扶持私立高等教育,借助民间资金,使高等教育得以快速发展。

在苏东转型国家中,在政治转型前,只有波兰和罗马尼亚有少量私立高校,而且在校学生较少。转型后,各国纷纷出台相关扶持私立学校的政策法规,鼓励创办私立高校,为高等教育找到了新的"发动机",促进了私立高校的迅速发展。截止到 1999 年,波兰和罗马尼亚两国私立高校的学生数占全部在校生比重接近 30%。在 2004 年,俄罗斯私立高校学生占在校生总数的比重为 40.6%,保加利亚和匈牙利私立高校学生占在校生总数的比重也超过 14%。转型之前,苏东国家全都实行免费高等教育,政府是公立高校经费的最主要来源。转型后,由于经济发展缓慢,国家财政收入有限,高等教育经费不足,各国纷纷实行高校收费政策,允许公立和私立高校收取学费或者招收自费生。其中,俄罗斯高校自费生比例截止到 2000 年达到 51%;2000 年波兰私立高校收入的平均 98.5%、公立高校收入中的平均 24.4% 都是来自学费。

3.我国高等教育大众化进程

从 1998 年开始,中国高等教育通过连年扩招,完成了从精英型到大众化的历史跨越。我国高等教育大众化的进程是由政府主导的,大幅度扩大高校招生规模的主要原因是:(1)我国持续高速发展的经济需要更多的专业化人才;(2)人民群众普遍存在望子成"龙"("凤")的心态,渴望子女都能接受高等教育,作为人民的代表——政府有责任满足人民的这种需求;(3)高校扩招可以推迟学生的就业时间,并且增加对教育的消费,能够拉动内需、带动相关产业发展;(4)由于以往高校招生比例低,录取人数较少,考大学难,迫使中学集中力量备考高难度的考试,从而影响了素质教育的全面推行。

扩招的势头停止于 2006 年 5 月 10 日,由国务院做出决议:

"高等教育的发展要全面贯彻落实科学发展观,切实把重点放在提高质量上,适当控制招生增长幅度,相对稳定招生规模。这样做,有利于集中必要的财力,改善办学条件,优化育人环境;有利于集中精力,加快学科专业结构调整,深化人才培养方式改革;有利于逐步解决当前高校存在的矛盾和问题,特别是缓解高校毕业生就业的压力,从而实现高等教育的可持续发展。"根据上述决议,在 2006 年,我国高等学校招生规模增长幅度控制在5%以内。

高等教育大众化理论本质上属于一种预警理论,是对高等教育的规模扩张之后,人们对此发生的各种变化的一种预警,也是对已经进入和将要进入高等教育大众化阶段国家的一种预警。这一理论试图解决三个方面的问题:(1)寻找一种研究的途径,以便能够把高等教育发展中遇到的各种主要问题综合起来研究,而不是孤立地、彼此隔绝地看待这些问题;(2)通过这综合研究,发现高等教育发展过程中内涵的规律;(3)利用所发现的高等教育发展规律去预测、引导高等教育未来的发展,提早进行必要的准备或革新,以适应未来的发展变化。马丁·特罗的三阶段理论的最大贡献在于改变了过去孤立地、片面地研究高等教育发展问题做法,通过系统地分析高等教育发展过程中出现的各种问题与数量变化之间的联系,探讨量变与质变的辩证关系,为研究高等教育发展问题提供了一种新的方法,为我们提炼出一些高等教育发展中的规律,为各国政府制定高等教育发展政策提供了重要参考依据;通过对大众化所引发的高等教育内部变化的描述和揭示,对将要或者刚实现高等教育大众化的国家起到预警的功能。

(二)高校财务困境形成的直接诱发因素

大众化扩招政策下基本建设大规模支出引致的资金短缺促成高校集体性负债,这一点在业界基本形成共识。扩招引发的全局性基本建设具有历史性特点,属于特定国情特殊时期的产物。对高校而言,由基建带来的投资风险和借款带来的筹资风险的叠加是财务风险形成的直接诱发因素。

1. 大规模基本建设

大幅度扩大招生规模势必为高校带来巨大的资金需求,全国普通高校在校生规模从 1998 年的 360 万人增加到 2006 年的 1 800 万人,直接导致了办学资源的全面紧张。根据北京大学高等教育科学研究所调查,2001 年大多数高校的各类物质资源已经处于不足状态,校舍方面更是历史欠账严重,很多高校已经低于教育部有关办学条件的最低标准。十几年来,我国高校在办学规模迅速扩大的情况下,致力于扩充校园和改善办学条件。固定资产在大规模扩张的情况下,高校办学条件仍不能完全满足在校生人数的扩充。

2. 基建拨款不足

在高等教育规模数倍扩张的过程中,国家基本建设投入和财政补助没有相应地跟进。据测算,为满足办学规模扩张后的基本办学需求,应该安排的基本建设投入约为 10 385 亿元,实际国家预算内基本建设投入(包括国债资金)仅 840 亿元,国家投入占实际需要百分比为 8.09%。

高速扩张的基建需求如何解决。政府部门提出解决方案,如上海市教委规定:"高校基本建设资金实行多渠道筹集和投融资体制改革,通过政府投资、学校自筹、银行贷款和社会企业投资教育等多渠道筹集建设资金。"上海市教委还提出:"高校曾经无偿使用的国家拨款也改为政府投资,上海市政府对高校基建项目的资金支持,由拨款改为投资,以明晰投资人权益,提高投资效益。"可见,市场经济环境下的高校面临着基本建设投资严重不足的巨大压力和挑战。

3. 银校合作推动

扩招后办学条件的"瓶颈"迅速转变成了资金"瓶颈"。在我同高等教育财政拨款严重不足、大幅度提高学费标准也不可能的情况下,发端于1999年的大众化教育后的基建资金短缺问题,必须且只能通过举债解决。在政府鼓励下,向银行借款几乎成为高校唯一的选择,这实际上是高校代替政府自行向银行的一种"求助",高校成为政府向银行借贷的"替身"。

仅从市场规则看,凭高校自身条件是难以获得银行贷款的,银行能不顾非营利组织的信贷资金投入,不具增值性的风险而频频向高校伸出援助之手,也满足了政府与银行利益所需。

从银行自身看,市场化运营的商业银行需要为大量沉淀的储蓄寻找增值途径。政府在迫切需要高等教育带来其作为准公共产品外部性的同时,却无力支付相应的价格,只能在政策上大力支持高校利用银行贷款来进行解决。无论是高校扩张引发的巨额资金需求,还是政府的参与,最终导致的都是高校的过度负债,银行与高校的默契加上政府的无所不在,使得高校可以大胆地借贷,银行可以放心地放贷,高校的巨额债务由此而生。

4.高校行政管理体制缺陷

(1)产权所有者缺位。

公立高校是准非营利组织,国家是其出资人,全体人民是学校资产的所有者。政府将资产委托高校自行经营和管理,不要求资产偿还,也不分享资产剩余收益。高校领导独立行使法人权力,不必承担具体受托责任。高校作为法人具有自己的内部集体利益,这时高校办学行为与政府办学目的出现分化。随着高校规模扩大,办学类型越来越复杂,监管难度也越来越大。在公有产权制度安排下,高校的资产属于国家的所有人民;但从实际上来看,任何个人都不能独自享有高校的资产,而且是人人不得所有。这样就会造成高校的所有者缺位,政府机构既是高校财产的委托人,又是高校资产的代理人。公有产权虽然否认了个人对高校财产的合法所有权,但是高校资产仍然需要自然人来配置和管理。因此,人民要切实行使公立高校的管理权,就必须把高校的产权管理委托给中央政府；然后再由中央政府一级一级地向下委托，直至高校的校长、院长、系主任。公立高校的委托代理关系的建立，经过了层层委托代理过程，使得执行者不直接对委托者承担资产变化责任。这种多层级的委托增加了代理成本，也弱化了代理责任与高校的激励约束效应。由于各级代理机构和它们的代理人利益目标并不一致，在缺乏健全的民主监督机制的情况下，代理人实际上已经异化成了高校的实际所有者，而人民群众作为高校财产真正的所有者，反而成了与高校财产无关的人，导致"产权所有者缺位"。所有者的缺位可能导致对办学资源的配置缺乏有效监管，对经济决策缺乏有效监督，并使所有者权益可能受到损害。

（2）内部事务行政权力主导。

当前公立高校管理中存在的最大问题是行政权力的高度集中化。首先，高校的办学自主权集中于校级党委和校长，但由于高校资产的所有者缺位，导致校长和书记的权力缺乏有效的约束；其次，在公立高校权力结构中，学术委员会和教代会能否有效地开展工作完全依赖党委和行政领导的支持，大学生及其家长参与高校决策更是缺乏相应的制度安排，因此作为高校重要利益相关者的教师和学生等在高校的权力结构中也是缺位的。

高校内部的监督部门难以对学校的校级领导实施有效监控，在某种程度上形成"内部人控制"，从而导致高校的权力滥用和失控。随着高校的行政权力的扩张与膨胀，处于教学科研岗位的一线教师如同"临时工"，疲于应付由行政人员制订的各种考核标准。而且，在某些高校，根据教师们本学年度教研绩效成果，年年调高下一年度获得等额奖励所需的教研绩效的标准，由于教师们在这样的博弈中处于弱势，只能消极应对年年看涨的评奖标准，使得教研的奖励失去激励的作用，使得高校的教研绩效提高缓慢。另外，高校的学术组织行政化，学术组织的实际负责人都是各级行政领导，学术权力不断萎缩；对高校的行政权监督弱化，在目前高校的体制下，依靠教代会、工会难以对高校的行政权力实施有效制衡。

（3）权责不对等导致监督失灵。

对高校行政权力运行实施有效监督是目前建立现代大学制度难以回避的重大问题。在对高校资产的重重委托代理关系中，除最初委托人和最终代理人，其他委托代理层级上的人员均具双重身份，既属于上一级的代理人，又从属于下一级的委托人。这种委托代理关系中的双重角色使利益在同一主体上分离，从而导致每一层级的中间委托人努力实现自身利益最大化、推卸自身责任，并分享双重利益。同时，由于双重角色导致的双重利益，处于中间层级的委托人会因追求自身利益降低对高校监督的积极性，从而对高校管理者的激励约束效应进一步弱化。合理的产权制度安排能建立起有效的利益激励机制，从而实现产权主体责、权、利的统一。由于公立高校是非营利性机构，公立高校很难按照收益最大化、成本最小化的"理性经济人"原则进行经营和管理，最终也难以形成真正的法人财产权主体。由于代理人与委托人利益目标不一致以及政府政策的干扰性和信息不对称，使得高校的管理存在委托代理问题。在这种委托代理关系中，最初委托人对最终代理人无法进行直接监督和有效约束。各级委托代理人的权利、义务不对等，委托人和代理人不享有高校剩余收益的索取权，致使目前我国公立高校的管理者无有效监督。

高校的行政管理人员掌握着学校各类经济资源的配置权，但他们对学校经济状况的好坏在法律上不承担具体责任。校长是学校的法人代表，但仅仅是学校这个法人组织的一个签约人，只要校长的决策依照正常设定的程序进行，无论是否会有重大损失，其决策后果和经济责任都会由法人组织来承担，校长不会因此受到经济损失和法律制裁。相反，如果校长因决策正确而给学校带来巨大收益，校长也不能要求对学校的收益提出分配权。决策失误最终由国家承担，造成约束不足；学校收益与个人利益脱钩，会造成对个人的激励不足。两种状况都可能促使高校校长为追求个人利益的最大值而不顾及决策的风险成本。

具体行使支配公立高校教育资源的教育主管部门和校长不是公立高校真正的产权主体，这一方面会导致收益权不明晰，高校管理者缺乏激励的动力；另一方面会导致权责不对等，以致监督失效。由于没有人是公立高校的真正产权主体，在对高校资产管理的实践过程中，谁都不需要对权力的行使负责任，而且除了教育主管部门，政府的多个高教相关职能部门都代表国家和人民行使公立高校的管理权，但同时又没有一个政府职能部门去具体承担公立高校决策失误的损失。这是许多违背办学规律、盲目决策的行为在公立高校普遍存在的原因，这也是高校陷入财务困境的内部原因。

5.高校负债运营

目前我国高校决策基本上是由校务会议或者校长办公会议决定，校领导的任命由教育主管部门进行，校长的任期结束之后并不一定都能连任，因此存在决策行为的短期化、高校自身决策追求政绩的思维严重。只要能借到钱，本任校长办的事越多，对于提升就越有利，而还贷却是下任的事情。由于责任和权利不对等，助长了校长向银行借贷的冲动。

在我国，因为政府是高校潜在的担保人，高校所面临的还款风险比企业要小得多，这样高校自然是银行放贷的首选对象。在预算软约束和银行各种优惠条件的双重激励下，高校不仅将银行贷款当作解决高校发展资金不足的必然选择，而且由于在资金使用方面缺乏监督，产生攀比浪费，最终形成巨额债务。沉重的还本付息压力使很多高等学校陷入财务困境。

近年来导致高校产生贷款风险的影响因素很多，主要的制度成因是高校的预算软约束，对大学管理者的激励与监督、约束机制不健全，最终表现为预算的软约束，甚至演变为大学的持续财务困境。当大学遇到财务困难，国家或政府将用各种手段和方法帮助大学脱网，并使其得到发展，国家这样做的原因是国家不愿意承担由于大学破产所带来的一系列社会后果。另外，在我国政府官员代表人民行使国家权力，政府官员的政绩除了经济目标还有非经济目标，如增加就业率和保持社会稳定等。因此，大学潜在的发展能力就可能由于要适应政府官员的非经济性目标的需要而大打折扣了，而作为回报，政府官员会通过预算软约束，如向这些大学提供补贴等形式，来补偿大学的损失。

在我国，政府是公立高校唯一的投资者，高校的校长从学校项目开始时就已经知道项目所需的投资总额，而政府只能在项目开始后逐渐获得有关项目的可行性信息。这样由信息不充分导致的逆向选择行为就会发生，即拥有不良项目的公立高校会积极争取获得政府投资。当政府发现原来的投资项目是一个超额（高校申报时的预算）的投资项目时，就会面临两种抉择：停止投资或继续追加投资。政府的行政目标是追求社会福利最大化，由于项目前期的投入已经发生，如果追加投资的边际社会收益大于边际社会成本，政府将继续追加投资。由此可以看出，单一的投资主体容易导致高校的预算约束软化。在政府投入有限的情况下，公立高校有强烈的动机去争取超过自身负担水平的银行贷款，因为高校相信学校的贷款政府最终会买单。

6. 学费欠收对高校的影响

高等教育属于非义务教育阶段，为弥补公共办学经费的不足，学校依据国家有关规定，向学生收取学费。因此，高校办学经费除了政府的财政拨款，另一主要来源便是学生以成本分担形式缴纳的学费。高校的学费收入主要受学费标准的高低影响。中国高等教育收费严重偏高，超出了居民的平均承受能力，特别是对广大农村和城镇下岗职工家庭的学生来说，目前的上学费用已经成为他们无法逾越的大山，许多考生因家庭无法筹集到充足的学费而失学或加入了欠费大军。此外，近年来高校乱收费现象也非常严重，引起了社会极大反响。

因此，通过向受教育者增收学费来实现高等教育的规模扩张之路已经行不通。举债成为高校继续生存发展下去的必然选择。

随着高校收费制度的改革,学费收入已经占到许多高校收入的50%以上,学生学费收取的多少直接影响到高校资金的流量、财务状况。近几年来,随着各高校学生规模的不断扩大以及上大学个人交费比例逐年提高,高校中学费拖欠现象非常普遍,欠费学生比例和欠费金额也迅速提高,学生欠费已经严重阻碍了高校正常的教学科研工作。学生欠费率居高不下,严重影响了高校的收入,已成为致使高校陷入财务困境的一个重要因素。

7.信息披露机制不健全

透明的财务信息披露制度是保护高校的利益相关者利益的必要前提。公立高校的管理者作为国有资产代理人承担受托责任,有义务向政府提供财务信息。同时,高校的投资者、捐赠者、校友等外部利益相关者需要随时了解学校财务状况;在高校内部治理结构中,教职工和学生参与学校管理和监督,也需要及时掌握学校财务信息。但是,在传统单一投资体制下的高校财务管理制度,其财务信息生产过程和披露上存在严重缺陷。一方面,高校会计核算制度采用收付实现制而非权责发生制,不核算教育成本,许多基本财务信息,如不同专业的培养成本、固定资产的折旧等不准确或无法提供,提高了高校代理人犯"道德风险"的可能性,也增加了内部利益相关人参与管理的难度;由于财务信息传输不畅,外部投资者对高校运营情况、资金使用效率等难以了解,对高校未来运营情况、投资决策是否理性等难以准确预期,从而增加了高校从民间融资的难度。另一方面,高校财务信息披露严重不对称,高校主要面向政府而非所有的利益相关人披露信息,增加了高校从社会融资的难度,也导致校内监督失去意义,使高校开支项目很容易被行政领导所操纵,使权力失去监督。同时,由于学费收入已成为高校重要的收入来源,学生是学校教育服务的顾客,高校的财务信息披露也是对学生的一种负责。

第二节　高校财务风险预警体系建构

在认真总结研究市场经济条件下，探索我国高校在特定历史条件下财务风险形成的机理，建立相应的高校财务风险预警系统，探索与高等教育大众化发展相适应的高等教育财政政策和拨款制度、现代大学制度下的高校财务管理理念和财务治理的创新以及高校财务管理在技术、方法层面的创新问题，不仅具有重要的理论意义，还具有更为重要的实践意义，是防范高校财务风险的根本途径和举措。

一、高校财务风险预警的相关概念

（一）高校财务风险的概念

根据《中华人民共和国高等教育法》，公办普通高校包括实施高等教育的全日制大学、独立设置的学院和高等专科学校、高等职业学校和其他机构。

我国高校具有独立的法人地位，办学自主权也在不断扩大，高校的筹资渠道多，经济业务也日趋复杂化，因此高校不可避免地面临着财务风险。根据我们对财务风险概念的辨析，结合高校财务管理的特点，我们可以将高校财务风险定义为：高校财务活动中一切不确定性因素给高校带来的预期收益与实际发生偏离的可能或损失。

（二）高校财务风险的特点

（1）不确定性。由于高校面对的外部环境是变化的，高校的财务活动也日益复杂，因此高校的财务决策和财务活动的最终结果都具有不确定性。如果高校不能识别各项财务决策或经济活动可能带来的风险,并积极采取防范财务风险的措施,就有可能发生经济损失。

(2)破坏性。高校财务风险具有较大的破坏性。如果高校利息负担沉重,不能偿还到期债务,或者高校因为决策失误造成经济损失,导致资金周转困难等,都有可能影响到高校正常的教学和科研工作,甚至会影响到高校的社会声誉。

(3)可控性。高校的财务风险是客观存在的,但也是可以控制的。高校可以通过完善高校治理、加强内部控制建设和进行全面风险管理等工作来达到防范和规避财务风险的目的,从而保证高校的健康发展。

(三)高校财务风险的种类

1.筹资风险

筹资风险主要是指高校向银行等金融机构进行举债产生的风险。目前,我国高校的资金来源主要有财政补助收入,即高校从同级财政部门取得的各类财政拨款(包括财政教育拨款、财政科研拨款和财政其他拨款)、事业收入(即高校开展教学、科研及其辅助活动取得的收入)。另外,还有上级补助收入、附属单位上缴收入、经营收入和其他收入等。财政拨款是各级政府根据高校在校学生人数核拨的经费,高校招收的大学生越多,获得的国家的财政拨款就越多。随着我国人口结构的变化,高校的招生风险已经首先在一些非重点院校出现,部分高校出现了招生规模下降的趋势。另外,国家有一些科研专项资金是根据高校科研的实力来拨付的,这种款项的获得也具有很大的不确定性。再者就是学生学费的收缴率不确定,高校学费收入能否成为真正的现金流入,取决于学生家庭的经济实力和信用状况。部分学生家庭经济困难,通过银行贷款缴纳学费,其还贷状况存在不确定性。按照国家的相关政策,高校要建立学生贷款风险基金。这些都造成了高校在筹资领域存在风险。

由于财政资金的投入有限,许多高校在资金供给不足的情况下,为满足教育事业发展需要,通过银行贷款筹集大量资金。但是,银行贷款不是高校的收入,而是高校的债务,如果高校不能到期支付贷款的本金和利息,就会出现财务风险。从实践中来看,许多高校在贷款时,没有认真考虑贷款的资金成本和偿债风险,造成后期利息负担沉重,资金紧张,甚至不能到期归还债务,从而引发财务危机,直接影响高校的正常运转。

2. 投资风险

投资风险是指高校因为投资失误造成的经济损失。我们可以将投资风险分为对内投资风险和对外投资风险两大类。

(1)对内投资风险。高校在发展过程中必然会投资于有形资产和无形资产。有形资产的投资主要是对建筑物、实验室、仪器设备和其他教学设施的投资,无形资产的投资主要是对人才等软环境的建设投资。为了满足高校的教学科研需求,很多高校规模急剧扩张,对投入的资金的使用效益却没有评估,从而造成资产的重复购置或闲置,资金的损失浪费严重等。还有一些高校的领导盲目追求政绩,对财务决策的制订缺乏必要的集体决策机制,对财务决策的实施结果也没有进行科学评价,这都导致高校财务风险增加。

(2)对外投资风险。高校下属的校办企业可以为高校带来收入,是高校筹集资金的一个重要渠道。但是,校办企业没有独立的法人地位,一旦出现投资失误和经营亏损后,只能由高校来承担责任,这就加大了高校的财务风险。从实践中看,很多高校的校办企业管理不善、资金周转困难,给高校带来了巨大的财务风险。另外,高校的对外投资风险还表现为一些高校将教育资金投资于股票、债券等有价证券,随着资本市场的波动,很有可能会出现投资损失,这都增加了高校的财务风险。

3. 资金运营风险

部分高校存在内部控制不完善、财务制度和管理制度不健全的情况,这都容易导致高校出现贪污舞弊、国有资产流失和资产的损失浪费等情况。还有部分高校存在预算编制不全面、不准确,预算执行不力等情况,有的高校甚至长期存在预算赤字。一些高校的下属二级单位对资金的使用控制不严、监督不力,致使财务违规事件频发。这些都是在高校资金运营过程中存在的风险,都会增加高校的财务风险。

(四)高校财务风险预警的概念

高校财务风险预警是高校建立财务风险预警指标体系,采用科学的方法来分析和监测高校的财务风险水平,并采取有效措施来控制风险的一项系统工程。通过高校财务风险预警系统的运行,我们可以分析和评价高校的财务管理水平,并能对高校财务运行中的潜在风险做出预警和提示,以促使高校积极采取措施,控制和化解财务风险,从而保障高校的健康发展。

二、高校财务风险的预警体系

功效系数法可以作为高校财务风险预警的一种主要方法。功效系数法是根据多目标规划原理,对每个财务指标确定一个满意值和不允许值,以满意值为上限,以不允许值为下限,计算出各指标实现满意的程度,从而确定各指标的分值,加权平均后计算出总分值,从而对被研究对象的状况进行综合评价的方法。① 我们可以按照以下步骤应用功效系数法对高校财务风险进行预警分析。

(一)选取预警指标

前面我们将高校的财务风险分为筹资风险、投资风险和运营风险,如果再考虑高校的发展状况,我们可以建立由以下四个方面构成的高校财务风险预警指标体系。

---

① 蒋洁.功效系数法在高校财务风险预警中的应用[J].财务与金融,2009(5):57.

1. 筹资风险指标

(1)资产负债率＝负债/资产,该指标反映了高校负债与资产的比率,即在高校的总资产中,有多大比例是通过负债来筹集的。该指标高,就说明高校的债务占资产的比重高,高校需要支付的利息费用高,高校的财务风险也就越大。如果该指标过高,甚至会影响到高校正常的教学科研活动。

(2)利息保障倍数＝(年事业结余＋年经营结余)/年利息支出,高校利息费用的偿还资金来源是事业结余和经营结余,该指标反映了高校资金结余对债务利息的保障程度。该指标越高,反映高校的偿债能力越强,财务风险越小。反之,如果事业结余和经营结余不足以支付利息费用,高校正常的教学和科研活动就会受到影响。

(3)自筹收入占总收入比率＝自筹收入/总收入,高校的部分教学和科研收入以及获得的个人和社会组织的捐款等都属于高校的自筹收入,该指标表明高校自筹收入占总收入的比重。该指标越高,说明高校筹集资金能力越强,财务风险越小。

2. 投资风险指标

(1)资产收入率＝年度收入总额/平均总资产,该指标反映高校利用资产获取收益的能力。该指标越高,说明高校资产运用效率越高,获取收入能力越强,高校财务风险就越小。

(2)对外投资收益率＝(校外企业投资收益＋其他投资收益)/(年校办企业投资总额＋年其他投资总额),高校的对外投资包括高校对校办企业的投资和其他领域的投资,该指标反映了高校对外投资的获利能力。该比率越高,说明高校的对外投资的效益越好,高校的财务风险就越小。

(3)净资产收益率＝(年事业结余＋年经营结余)/平均净资产,该指标反映了高校利用净资产获取收入的能力,也直接反映高校资本保值增值能力。该指标越高,说明高校获取收入的保值增值能力越强,高校的财务风险就越小。

3.运营风险指标

(1)资金可供周转月数＝年收入总额/高校月均支出,该指标反映高校的年收入能维持高校的正常运转的时间。该指标越大,反映高校的年收入能维持高校的正常运转的时间越长,高校的运营状况越好,财务风险越小。

(2)学生学费收入支出比率＝学生平均学费收入/学生平均支出,学生缴纳的学费是高校资金的重要来源,该指标反映学生缴纳的学费对学生开支的保障程度。该指标越高,反映高校收取的学费对学生支出的保障程度越高,高校的财务风险就越小。

(3)年收入支出比率＝年收入总额/年支出总额,该指标反映高校年收入与高校年支出的比值。该比率越高,说明高校收入对各项支出的保障程度越高,高校的财务风险越小。

4.发展风险指标

(1)自有资金增长率＝年自有资金增加额/年初自有资金总额,该指标反映了高校自有资金的增长幅度。该指标越大,说明高校通过各种经营活动获得的自有资金增长得越多,财务风险越小。

(2)现金余额增长率＝年现金余额增加额/年初现金余额,该指标表明高校可支配的现金的增减幅度。该指标越大,说明高校的财务调控能力越强,付现能力越强,财务风险越小。

(二)确定各项财务风险指标的标准值

在功效系数法下,首先要确定各项财务风险指标的标准值,即各项财务指标的不允许值和满意值。某个财务指标可以接受的最低值或最高值为不允许值,某个财务指标的满意范围为满意值。从理论上来讲,标准值可以根据分析的目的和要求确定,可以用高校某年的财务指标计划数,也可以用同行业的平均数。一般而言,当评价高校财务风险控制状况时,可以用高校计划水平为标准值;当评价高校财务风险变动情况时,可以用高校前期水平为标准值;当评价高校财务风险水平在同行所处地位时,可用同行财务指标平均值。本书采用最常用的同行业财务数据为基础数据。我们首先对各财务指标按照其特点进行分类,分为极大型变量、极小型变量、区间型变量和稳定型变量,然后再分别确定不同变量的标准值。

(1)极大型变量,即指标数值越大越好的变量,一般以同行最高值为满意值,以最低值为不允许值。

(2)极小型变量,即指标数值越小越好的变量,一般以同行最低值为满意值,以最高值为不允许值。

(3)区间型变量,即指标数值处于某一区间最好的变量,满意值一般可以按各高校的平均值确定,并以该平均值的1倍来确定不允许值的上限,以该平均值的0.5倍来确定不允许值的下限。

(4)稳定型变量,即指标数值为某一特定值最好的变量,满意值一般可以按照各高校的平均值确定,并以满意值的1倍来确定不允许值的上限,以满意值的0.5倍来确定不允许值的下限。

(三)计算各财务指标的功效系数

根据上述四类变量的特点,我们可以分别计算高校财务风险预警指标体系中的各指标的单项功效系数,具体的计算公式见表6-1。

表6-1　单项指标功效系数计算表

变量类型	实际值＜满意值	下限值＜实际值≤上限值	实际值≥满意值
极大型变量	[(实际值－不允许值)/(满意值－不允许值)]×40＋60		100

续表

变量类型	实际值＜满意值	下限值＜实际值≤上限值	实际值≥满意值
极小型变量	100		[（不允许值－实际值）/（不允许值－满意值）]×40＋60
区间型变量	[（实际值－不允许值下限）/（满意值下限－不允许值下限）]×40＋60	100	[（不允许值上限－实际值）/（不允许值上限－满意值上限）]×40＋60
稳定型变量	[（实际值－不允许值下限）/（满意值－不允许值下限）]×40＋60		[（不允许值上限－实际值）/（不允许值上限－满意值）]×40＋60

（四）计算综合功效系数

在功效系数法应用的过程中，我们可以采用层次分析法、因子分析法或综合评分法来确定各财务指标的权数。将各指标的单项功效系数乘以该指标的权重，然后再将各指标数值加总，就可以得到综合功效系数。

$$综合功效系数 = \sum（各单项功效系数 × 该指标的权重）$$

（五）非财务指标引入高校财务风险预警系统

根据前述综合功效系数，我们可以对高校财务风险做出初步评价。但是，由于各高校可获得的财政资金金额、资产的规模和资金的来源等存在着很大的差异，只用定量指标对高校的财务风险水平进行评估是不够科学的，存在一定的片面性和局限性，因此，我们拟在高校财务风险预警体系中加入非财务指标，邀请理论界和实务界的专家对高校的民主决策程度、经济责任的明确划分、财务预算的编制和执行等多方面的指标进行评价和打分，从而对定量分析的结论进行补充，进一步提高高校财务风险预警系统的预测能力和预测精度。由此，我们设计了高校财务风险定性评价指标等级表,见表6-2。

表6-2 高校财务风险定性评价指标等级表

评议指标	权数	等级(参数)				
		优(1)	良(0.8)	中(0.6)	低(0.4)	差(0.2)
民主决策	15					
经济责任	15					
财务预算	15					
绩效考核	15					
内部控制	20					
内部审计	20					

从表6-2中我们可以看到,高校财务风险评议指标分为民主决策、经济责任、财务预算、绩效考核、内部控制和内部审计六项,相关理论界和实务界的专家可以通过走访、调研、会议和阅读相关资料等多种方式,充分了解高校财务风险管理现状,对各评议指标做出等级判断,给出相应的分值,并按照下列公式得出评议指标总分。

单项评议指标分数 $= \sum ($ 单项评议指标权数 $\times$ 各评议专家给定等级参数 $) \div$ 评议专家人数

评议指标总分 $= \sum$ 单项评议指标分数

(六)高校财务风险综合评价分数的确定

在采用功效系数法得到综合功效系数并得到定性评议指标总分之后,应当按照一定的权重,对高校财务风险进行综合评价。本书对多位高校财务管理专家的意见进行综合,认为综合功效系数所占的权重为70%,评议指标总分所占的权重为30%。由此可以得到高校财务风险的综合评价分数,其计算公式为:

高校财务风险综合评价分数=综合功效系数×70%+评议指标总分×30%

最后,我们可以根据高校财务风险综合评价分数反映的高校财务风险水平情况,将警情分为五个警度区间(表 6-3)。各高校可以按照分值来判断自身所处的财务风险预警警度,综合得分小于或等于 60 分的高校,财务风险的水平最高,而综合得分大于或等于 90 分的高校,财务风险的水平最低。高校要根据不同的警度区间,有针对性地采取措施来防范财务风险。

表 6-3　高校财务风险预警警度区间表

警度	巨警	重警	中警	轻警	无警
分值	≤60	(60,70]	(70,80]	(80,90)	≥90

另外,高校在得到多年的财务风险综合评价分数以后,可以计算年度之间的财务风险管理绩效改进度,以反映高校年度之间财务风险管理绩效的变化情况,其计算公式为:

高校财务风险管理绩效改进度＝本期财务风险综合评价分/基期财务风险综合评价分

财务风险管理绩效改进度大于 1,说明财务风险管理绩效上升;财务风险管理绩效改进度小于 1,说明财务风险管理绩效下滑;财务风险管理绩效改进度等于 1,说明财务风险管理绩效不变。

第三节　高校财务困境的应对策略

高校治理是在大学利益主体多元化以及所有权与管理权分离的情况下,协调大学各利益相关者的相互关系,降低代理成本,提高办学效益的一系列制度安排。目前我国高校面临的许多财务风险都与高校治理不完善直接相关,完善高校治理是优化高校财务风险管理模式的必然要求。

作为公立高校的举办者和管理者,政府要为高校提供稳定的办学经费,并且要促进教育发展,规范教育活动,做好教育服务工作。同时,高校要构建良好的内部治理结构。

一、高校财务困境现状

(一)解决财务困境的迫切性

财务困境又称"财务危机",是指会计主体履行义务时受阻,具体表现为流动性不足、权益不足、债务拖欠和资金不足四种形式(Carmichael,1972)。一般而言,当债权人的承诺无法实现或难以遵守时,就意味着财务困境的发生。近几年来,市场经济的发展使得我国高校财务管理环境发生变化,伴随着高校持续高速增长带来的繁荣,高校的建设性、发展性债务规模与日俱增,尤其是部分地方高校因过度举债等导致资金异常紧张,陷于难以应付的艰难境地。不少地方高校的财务已经面临收入难增、支出难压、收支难平、口子难填、工作难做的"五难境地"。目前,地方高校财务困境主要表现在:收支矛盾日益突出,资金调度异常紧张;赤字额不断增加,预算得不到平衡;负债额多面广,债务负担沉重。

(二)财务困境的主要矛盾

1. 教育优先发展与教育投入不足的矛盾

国家提出教育优先发展,高等教育大众化已成必然,高等教育遇到"跨越式"发展的机遇。教育优先发展在高校规模上得到了显现。政府对高等教育尤其是地方高校投入不足或不到位。其中,《中国教育改革和发展纲要》明确提出的"一个比例、三个增长"没有较好地执行。在连年扩招的情况下,地方高校生均教育经费支出和财政性公用经费支出却处于低增长甚至大幅下降之势。中央财政安排的教育经费支出主要用于重点高校,部分用于划转地方高校和专项转移支付。地方因受经费总量、学校数量以及与中央共建部分高校等因素影响,地方高校面对高等教育大众化显得力不从心,往往不像重点高校那样能够应对自如。虽然《中华人民共和国教育法》(以下简称《教育法》)明确了各级政府及其有关行政部门要优先安排学校基本建设的职责,但是自《教育法》颁布以来,拨付高校的基本建设经费不但没有增加,反而逐年减少。与此同时,层次不同院校的投入反差在增加,仅就生均拨款经费而言,不少省属高校的生均经费只是部属院校的一半。

2. 高校的发展速度与其承受能力的矛盾

20世纪90年代末期,在政府实施高校大规模扩大招生政策的指引下,我国高等教育的发展进入了一个数量上高速增长的时期。高校承受能力有限:一是师生比过高,其直接反映就是不少课堂的学生人数过多、大班课过多、任课教师中新任教师比例升高、代课现象增加等;二是生均教学用房及图书等持续下降,高校在物力方面的压力日趋加重。

3. 高校"吃饭"与"建设"的矛盾

地方高校收入总量小、收入结构比较单一,尤其是自住房公积金、职工基本医疗保险政策实施以来,学校按政策应到位的人头经费资金缺口大。许多学校连基本工资、课时津贴等都一拖再拖,迟迟不兑现,便是明证。地方高校办学条件虽然有了很大改善,但是与实际需要相比,还处于较低水平,特别是新开办的专业师资严重不足,实验设备十分短缺。事关学校发展的重点建设工程资金缺口也在加大。

4. "财务集权"与"财务分权"的矛盾

由于受传统思想的影响,许多高校习惯了"统一领导、集中管理"的财务管理体制,强调确保集中财力办大事。有的甚至认为在财务紧张的情况下,期望这种体制能发挥他们所想象的作用,他们担心学校全面下放权力可能导致调控能力削弱。但事实往往事与愿违:各部门只用钱不理财,造成理财和事业管理脱节,很少考虑使用效益;用钱的与管钱的在思想上存在"两张皮"。一些地方高校学科、专业门类趋于齐全,资金流量快速增加。学校教育管理日趋细化,经济管理层面增多,财务关系复杂化,高校财务管理的内涵日益丰富和充实。由此,实行分级管理体制的优势日益显现,要求学校在下放办学自主权的同时,要把人、财、物尽可能下放到二级经费单位。

5.制度性缺陷与财务管理的矛盾

目前,我国高校制度的突出缺陷是"所有者缺位":高等教育出资人主要是国家,国家是高校净资产的终极所有者,但国家并不要求偿还其提供的资产,也不要求分享经济上的利益,而是将这些资产交给高校自行经营和管理。对于高校而言,国家对其投资,但并不对其进行财务管理,因此造成投资的所有者缺位;高校管理者独立行使法人权力,但并不承担具体的受托责任,导致资源缺乏有效的管理和监督。高校财务不进行成本核算,不计算损益,财务管理的弹性大,在很大程度上弱化了高校财务管理的功能。

二、高校财务困境的应对措施

高校财务困境涉及政府对高等教育的要求,相应的经济及财政政策,经费供给的思路、结构、模式及导向,管理高校的模式和方法,以及高校自身的目标任务,经费来源,经费分配和使用,管理的制度、理念、方式方法乃至具体的办法等众多因素。目标任务超出经费供给,或经费使用超出经费供给,或制度、理念、管理方式方法与事业发展的目标不相适应等,都会导致财务风险的发生。应对困境就是要使高校自身的目标任务,经费来源,经费分配和使用,制度、理念、管理方式方法等相协调、相匹配、相一致,成为一个保障高校科学发展和运行的有机整体,确保高校运行的血液——"经费"得以顺畅的运行。

（一）完善经费筹措机制

资源投入是决定高等教育规模和质量的关键因素,保障投入是防范高校财务风险的基础和前提。随着全球范围内中等教育的普及和知识经济的兴起,人们对高等教育的需求急剧扩张,高等教育呈现由精英教育向大众化乃至普及化方向发展的势头。2015 年,我国高等教育毛入学率已经达到 37.5％,可以预计高等教育的规模将会随着经济社会的发展进一步扩大,高等教育的毛入学率也将进一步攀升,由大众化向普及化发展。政府经过努力已将公办高校的政府财政保障率提高到了 58％,起到了主渠道的作用。

1.政府主导,多渠道筹措

政府对高校资金投入是十分必要的。首先,高等教育具有混合产品性质。社会产品按其受益范围来看,可以分为公共产品、混合产品和私人产品。公共产品是具有非竞争性和非排他性的产品。非竞争性是指消费者消费某产品时并不影响其他消费者从该产品中获得利益。非排他性是指消费者在产品消费中很难将其他消费者排除在该产品的消费利益之外。混合产品是在性质上介于公共产品与私人产品之间的产品。高等教育服务的产品属性为"准公共产品",高等教育一方面具有竞争性,因为我国的高等教育规模是一定的,每年高校能录取的人数是有限的,一部分学生被高校录取,获得了接受高等教育的机会,另一部分学生就没有接受高等教育的机会;另一方面,高等教育还具有非排他性,即某一个人在享受高等教育时并不影响其他人从该产品中获得利益。对于混合产品,市场经济国家一般采用政府提供与市场提供相结合的方式。

其次,对高等教育投入是公共财政应尽的职责。高等教育是一国政治、经济、文化和军事发展的基础,高等教育的发展极大地影响社会其他事业的发展。一个国家高等教育水平高,国民的道德思想水平、社会的法治化程度和稳定化程度都会得到很大提高,从而推动社会经济和谐发展。因此,高等教育具有很强的外部性。目前我国高等教育的收费水平较高,如果高等教育都由市场或私人提供,将使很多的学生因为无力负担学费而丧失接受高等教育的机会,这违背了教育公平的原则,所以虽然部分私立院校也可以为社会提供高等教育服务,但是就现阶段及未来较长的时期内来看,我国的高等教育还是应由政府举办为主。总之,公共财政对高等教育的投资是十分必要的,在公共财政财力允许的情况下,其经费投入也是多多益善。

虽然我国的高等教育财政投入规模大幅增加,其绝对量已经相当庞大,但是面对我国社会公众对高等教育不断增加的需求以及高校规模不断扩大的现实,政府还需稳步加大对高等教育的财政投入。政府要提高教育经费占 GDP 的比重,要在规定的 4% 的基础上进一步增加。同时,政府要提高高等教育财政性经费占高等教育总投入的比重,以保证高校能有充足的资金来满足正常的运转需求,并不断发展壮大。另外,政府可以采取一些间接财政投入方式。例如,优化与高等教育事业相关的税收优惠与减免政策、为社会资本进入高等教育领域提供便利与动力、完善银行助学贷款制度、鼓励设立社会捐赠基金等。政府要完善高校预算拨款制度,要改变传统的以在校学生数为基础来确定财政拨款金额的落后方法,要将各项财政经费等进一步细化为基本运行经费、专项经费和绩效拨款等,以促使高校更加注重财政拨款使用的绩效,从而有利于体现财政拨款的宏观调控职能。政府要改变高等教育财政资源在东部、中部及西部分配比例严重失衡的现状,高等教育财政经费的地域分布要适当向中西部地区倾斜。

高校要建立起政府主导和多渠道筹措资金的经费筹措机制。目前,我国高校的经费来源主要是国家财政性教育经费、事业收入和其他收入等。在所有的收入来源中,除去财政拨款,都可以称为高校的"自筹收入"。由于我国高校数量众多,短时间之内要大幅度提高财政拨款的数量是不现实的,因此高校多渠道地筹措经费是降低财务风险的必然措施,高校要充分发挥自身的办学资源和科研优势,通过人才培养、科技成果转化、产学研合作等多种方式来吸纳资金、增加办学经费。首先,高校要以市场需求为导向,合理进行专业设置和人才培养,努力培养出社会需要的人才,提高高校的声誉,从而争取到更多的社会资金的支持。其次,高校要争取科研项目,加速科技成果转化,通过对政府或其他社会组织提供高水平的决策咨询服务,加强产学研合作等获得更多的科研资金、科技成果转化收入和企业的投资等。再次,高校还要通过校办企业来增加资金来源,高校要充分发挥人力资源优势,通过兴办科技企业来为社会服务,同时可以为高校筹集更多的经费。最后,积极吸引社会捐赠,健全和完善社会支持的长效机制,多渠道汇聚资源,增强自我发展能力。同时,政府需要努力培植捐赠文化,完善鼓励捐赠的配套政策,在争取社会资源和拓展资金渠道方面取得更大的进展。

2.财政投入的目标和原则

建立兼顾公平与效率的高等教育体制是世界各国政府追求的目标,也是各国大众化高等教育阶段所面临的共同难题。高等教育公平指的是社会成员在占有高等教育资源上的公正与平等,即通过资源配置的公平,实现社会成员在高等教育的入学、过程(即接受各种教育服务)和结果(即就业)三方面的机会均等。公平的教育资源配置应同时具备以下三个内涵:一是横向公平,即均等分配教育资源以保证辖区内所有学校和学生享受基本相同的教育设施和服务;二是纵向公平,即依据"谁受益,谁付款"原则,要求接受高等教育的社会成员直接承担一定的成本;三是实质公平,即通过资源配置中的调整和转移,对特殊社会群体,如少数民族、贫困学生和残疾学生予以适当支持。横向公平和实质公平由政府的高等教育财政政策及投入决定,纵向公平则是成本分担及补偿问题,与私人部门(主要是受教育者及其家庭)的投入有关。因此,高等教育的公平问题最终归结为公共部门和私人部门投入的总量和结构以及公共部门投入的分配问题。高等教育总投入越多、公共部门投入的分配越均等、公共部门投入对特殊群体的扶植力度越大,实现公平的可能性越大。

高等教育承担着实现公平的社会责任。教育公平是和教育资源的分配密切相关,教育资源是有限的,且在地区分布、学校分布、时间分布上具有不平衡性。教育资源的分配受到国家政策、社会意识形态、经济发展水平、教育人口的变化等主要因素的影响。较为公认的教育资源分配的公平原则有以下五项。一是资源分配均等原则。这是一项起始性、横向性公平的原则,主要是保证同一地区、同一国家内对所有学校和学生实施基础教育财政公平。二是财政中立原则。这一原则指每个学生的公共教育经费开支上的差异不能与本学区的富裕程度相关。这项原则保证上一级政府能够通过对下级政府、学校不均等的财政拨款,克服所辖学区间、城乡间的教育经费差异,保证学生获得均等机会。三是调整特殊需要原则。对少数民族(种族)学生、非母语学生、偏远地区及居住地分散的学生、贫困学生、身心发育有障碍的学生,给予更多的关注和财政拨款。四是成本分担和成本补偿原则。遵循成本应该由所有获益者分担的原则,要求在非义务教育阶段,对学生收取一定的教育费用,并对部分学生采取推迟付费的办法,是一种纵向性公平。五是公共资源从富裕流向贫困的原则。这是现阶段各国学者判断教育资源分配是否公平的最终标准,是教育财政公平的最高目标,也是实现教育机会均等的最根本的财政要求。

随着知识经济时代的到来,尽管各国政府均认识到人力资本投资,尤其是高端人才培养对经济增长和国家竞争优势的重要性,但在有限的财政预算约束下,高等教育供给与需求的矛盾日趋尖锐,于是人们开始关注高等教育的效率。高等教育效率是从产出角度衡量上述资源投入的收益,包括人才培养的数量和质量、科研成果的数量和质量、社会服务等。从静态来看,一国不同地区、不同高等教育机构单位投入的产出数量和质量及由此产生的社会和私人收益肯定存在差异；若以既有的效率决定当期的公共和私人投入，尽管可以实现短期社会和私人收益的最大化，但必定导致资源配置的不公平，这种不公平又会反过来扩大效率的差异，从而形成恶性循环，这便是效率与公平的冲突性。但是如果从动态来看，一国不同地区、不同高等教育机构当前投入，产出效率的差异或许正是过去资源配置不公平的结果；要实现未来的、长期的社会收益最大化，应该在不降低高效率院校投入的前提下，增加对低效率院校的投入，一旦此类高校效率相对提升，私人投入就会增加，从而形成良性互动，这便是公平与效率的共存性。

因此，如果从动态角度理解一国高等教育的公平和效率，政府在培育高等教育效率中的作用和地位不可替代，高等教育公共财政的增长及其向资源匮乏地区和高校倾斜、向弱势社会群体倾斜是增进长期效率和实现实质公平的关键所在。建立规范的高等教育财政转移支付制度是实现兼顾公平和效率的一项重要政策措施。为此，我们要完善财政转移支付制度，明确建立规范的政府间财政转移支付制度的根本目标，是为了实现地方高等教育服务供给能力或水平的大体均等；逐步扩大均等化转移支付和与特定政策目标相联系的专项性转移支付的规模；完善专项性转移支付拨款，使项目的设置更科学、合理，成为国家在高等教育方面对地方政府加以引导和进行宏观调控的重要手段；转移支付制度应坚持公正性、规范性、公开性的原则等。

3.财政拨款的方式

当前各国高等教育财政政策促进公平和效率两大主要举措，一是成本分担下的学生资助以实现公平，二是预算约束下的绩效拨款以增进效率。在有限的教育财政预算约束下，政府对高等教育投入的增量有限，各国兼顾短期效率和长期效率的主要策略是改进拨款机制，采用绩效拨款，在提升高等院校投入效率的同时，使增量部分兼顾公平。

近年来,我国政府开始引入基于绩效导向的拨款方式,对一流大学建设起到了积极的促进作用,在提升高校办学质量和服务经济社会发展能力等方面发挥重要作用。同时,我们要充分注意到专项经费名目过多、交叉重复、且占总经费比重过大引起的问题,包括高等教育发展的同质化倾向、内涵式发展的导向不够,高校自主权名惠而实不至,定额经费不足的同时专项经费大量结余,"吃饭"与"建设"的财政供给结构比例失调,这些问题倒过来反而影响了高等教育的整体绩效和高校财务运行的健康顺畅。这么多年的实践证明,"基本支出预算＋项目支出预算"(实务中亦称"定额拨款＋专项经费")是相对合理和有效的财政经费分配方式。定额拨款就是所谓的公式法拨款,主要功能是保障高校的基本支出;专项经费就是项目拨款,体现着扶优、扶强、扶特的绩效导向和竞争法则,主要功能是保障专项建设任务。

当前的着力点,首先应该是进一步提高定额拨款占总体拨款的比例,提高定额的标准,确立生均定额拨款为主的财政经费分配基本模式,让高校能够有更大的经费统筹安排自主权和办出特色的资源配置基础。定额可以有高校分类和地区差异系数,但是定额差异也不能走进越分越细的死胡同。其次,专项拨款应采取更加开放的评审制度和更加严格的验收评价制度,专项经费的投入及成果应接受更加严格的公众及社会的监督与评判,更好体现公平公正竞争的原则。办学及管理改革绩效奖励专项应更多地与立德树人和提高质量等终极目标挂钩,并纳入学校可统筹安排的自主权内,该专项不必拘泥于专用的原则。专项经费立项要求的学校配套一定要审慎评估,权衡运用经费分配杠杆干预学校预算安排和保障学校自主权之间的利弊。总之,财政经费分配应进一步体现简政放权的导向,正确拿捏高校自主权与绩效导向的关系,重视社会各方对高等教育绩效评价的关注点及尺度,把握好"一要吃饭二要建设"的财政经费安排的基本原则。

4.民办高校及政府财政支持

目前,我国高等教育的毛入学率已经达到 37.5%。反观西方发达国家所走过的高等教育大众化及普及化的发展道路，没有一个国家可以单独依靠国家财政举办清一色的公立大学来完成如此规模宏大的高等教育公共产品的供给，而私立大学及"民办官助"的形式则为各国普遍采用。各国发展历程、经验和实践都表明了这条道路的必要性、可行性及广阔的前景。

随着知识经济时代的到来，知识已经被公认为资本，现实社会中人们日益清晰地意识到个人缴费接受高等教育的收益明显高于投入的成本，人们愿意缴纳较高的学费接受更为优质的高等教育的意愿不断增强。同时，随着社会对"知识"的重新定义，专业分工日趋细化，实用主义思潮和就业导向强化等，"生物多样性"的法则在高等教育领域充分展示，分层、分类的高等教育展现了强劲的生命力，而民办高等教育有着满足市场不同需求的天然敏感性和灵活性，与市场紧密结合的体制机制天然优势，可以较为充分地体现市场在资源配置上的重要作用。

我国民办高校发展的历史不长，规模有限，潜力和前景不小。我国民办高校在不同的发展时期，融资渠道呈现不同的特点，举办之初，一般是投资于教育的企业或个体股东将投资主要用于学校基础建设，而学费主要用于学校的经常性开支；在形成一定规模进入持续发展阶段后，衍生出教育股份公司或教育集团直接或间接参与投资民办高校，形成了一种新的民办高等教育融资方式。民办高校资金筹措存在的主要问题：一是经费渠道较为单一且不稳定，经过近30年的发展，80%以上的民办的高校的80%以上的办学经费靠学费收入，不足部分靠银行或个人贷款；二是银行贷款渠道不畅且手续费昂贵，目前主要是流动资金贷款，大多是一年的短期商业性融资，缺乏西方发达国家私立高校惯用的或我国企业界惯用的其他融资手段，如信用贷款、发行债券、发行股票、资产证券化、投资实业、融资租赁以及投资基金的设立与运作等；三是社会捐赠制度不完善；四是如何在教育公益性与资本寻利性之间找到一个平衡支点，拓宽学校融资渠道，这将成为影响民办高校今后可持续发展的关键。

民办高校应该成为支撑和承载我国大众化乃至普及化高等教育阶段的重要力量。国家政策应支持民办教育发展,鼓励社会力量和民间资本提供多样化教育服务。国家财政应给予民办高等教育相应的财政支持,以求以较小的财政支出规模撬动较大的高等教育规模扩张,同时有利于促进国民经济发展的动力更多地转向依赖消费的推动力。

国外私立高校融资模式对我国民办教育的启示:一是建立健全对民办高校扶持的法规体系,国家应对民办高校的扶持政策法律化,允许民办高校为改善办学条件而开展盈利事业,从法律上明确产权界定,建立和完善监督与评估制度,规范民办高等教育市场;二是加大政府参与民办高校资金筹措的力度,要引导公众投资民办高等教育事业,积极鼓励社会捐资办学,通过发行教育彩票筹集用于资助民办高校贫困学生的基金,对民办高校的教育性事业和其他经营活动的收入实施免税或减税以及财政给予相应的支持和补助,撬动整体高等教育规模的进一步拓展;三是积极争取社会捐赠,运用利益驱动机制对捐赠进行利益补偿;四是拓宽经费筹措渠道,利用其体制灵活、自主经营、高效决策等诸多优势,为企业培养各种急需人才,扩大生源,增加收入,为企业提供技术支持和决策咨询服务,将 BOT(建设—经营—移交)或融资租赁等引到民办高校后勤建设中,积极开拓海外融资渠道,把国外教育资金吸引到我国民办高校中来,寻求与国外企业的联合。

5.社会服务和捐资助学

随着高等教育与经济社会发展紧密度的不断增强,促进了世界各国的高等学校纷纷走出象牙塔,更多地担起社会责任,这已成为世界各国高等教育发展和社会发展的潮流。世界各国高等教育发展的实践也表明,科学研究、社会服务、产学研合作和社会捐赠逐步成为高等学校筹措经费的重要渠道之一。科研经费收入多寡通常由高校的职能定位或科研职能的强弱决定,也与政府的制度安排有密切关系。在美国,公立高校的绝大多数属于教学型的,科研职能较弱,因此科研经费收入只能是经费来源的辅助渠道;而多数私立高校则属于研究型的,科研职能较强,因此科研经费收入是经费来源的主渠道或主渠道之一。在日本,国立高校的绝大多数属于科研教学并重型的,因此科研经费收入是经费来源的主渠道之一;而多数私立高校由于属于教学型的,因此科研经费收入只是辅助渠道。这一点与美国高校正好相反。

由于美国的高校率先确立了社会服务为大学的基本职能之一的办学理念,加之政府制度的相应安排,这项收入不论公立还是私立高校都是经费来源的主渠道之一。在日本,由于国立大学是政府的附属机构,并实施同立大学特别会计制度,加之长期形成的办学理念,该项收入仅为经费来源的辅助渠道;而私立高校由于没有或很少获得政府财政拨款,必须多渠道争取办学经费,该项收入一直是经费来源的主渠道之一。

社会捐赠办学是美国独特的捐赠文化的体现,加上税收制度的积极鼓励,因此社会捐赠收入一直是私立高校经费来源的主渠道;而公立高校则因为处于主渠道地位的政府财政拨款不断减少,开始加入与私立高校竞争社会捐赠,成为努力方向,逐渐成为经费来源的主渠道之一。在日本,由于捐赠文化的相对缺失,同时政府管理国立大学方式导致了国立高校寻求捐赠的积极性不高,而私立高校因其社会声望普遍不高的因素,使得社会捐赠收入在国立和私立高校经费总收入占比小,均成为经费来源的辅助渠道。

要确保高等教育进一步发展的经费供给,除了需要依靠政府继续支持,各级各类高校都需要克服"等、靠、要"和传统的、封闭式办学的思维惯性,夯实服务国家战略和社会发展的观念,以服务求支持,以贡献求发展,在服务经济社会发展中进一步拓宽经费筹措的渠道,扩大社会合作,积极吸引社会捐赠,健全和完善社会支持的长效机制,多渠道汇聚资源,增强自我发展能力。同时,政府需要努力培植捐赠文化,完善鼓励捐赠的配套政策,在争取社会资源和拓展资金渠道方面取得更大的进展。

（二）创新体制机制与理财理念

1.高校要成为自我发展、自我约束、独立承担财务风险的责任主体

按照产权理论,公立高校的产权主体是国家,国家代表全体国民对高等教育资源行使权利,高校占有、使用高等教育资源,执行政府指令。但是,与国有企业相类似,高校名义上归全民所有,实际上无人所有,所以各级政府成了高校资产的所有者和行政管理者。1999年,政府做出了高校大规模扩招的决定,要在短时间之内大规模扩招,必然要求高校加大资金的投入,但由于政府财政投入有限,许多高校与银行合作,逐渐产生了巨额债务,根据中国社科院发布的《2006年:中国社会形势与预测》统计,2005年我国公办高校的银行贷款总额达到了1 500～2 000亿元,几乎所有高校都有贷款,这导致很多高校承担了巨大的财务风险,因为还贷困难,有的高校被银行冻结了账户,有的高校不得不继续贷款,用以贷还贷的方式维持运转,有的高校卖地卖房还贷。针对高校资金使用安全问题,2002年教育部、财政部联合下发了《关于清理检查直属高校资金往来情况,加强资金管理,确保资金安全的通知》,要求各高校加强资金安全管理,防范财务风险。之后,政府又不断出台了一系列通知、意见来限制高校过度贷款。最后,为化解财务危机,高校积极筹措资金偿还贷款,银行对高校到期贷款给予一定延期,政府对高校债务化解给予适当支持,中央财政安排专项资金化解中央高校债务,地方财政则对地方高校化解债务提供资金补助。许多学者对这次高校债务危机进行分析后认为,高校财务风险形成的制度根源就在于高校的法人地位缺失,由于高校承担了政府的高等教育的政策性任务,高校的决策者和管理者认为高校是国有的,不可能破产倒闭,高校的贷款也是高等教育扩招的衍生品,政府必然会对高校的贷款进行"隐形担保",因此高校可以尽可能多地向银行贷款,即使出现财务风险,也最终由政府负责偿还,高校不必最终承担贷款带来的财务风险。并且,由于政府缺乏对高校的贷款使用情况的监督、社会力量和市场力量对高校的参与度过低、高校的信息透明度低等原因,无法分清高校的巨额债务中哪些部分是因为扩招而产生的必不可少的正常的支出,哪些是领导的错误决策和盲目投资所带来的。当高校无法承担巨额债务所带来的巨大财务风险时,最终只能由政府给予救助。从以上的分析我们可以看出,高校的财务风险的产生并不仅仅是高校内部管理制度的不完善,它的产生有其特殊制度根源,主要表现为高校法人实体地位的缺失,高校与政府的关系依然是上下级的行政关系,高校是政府的附属机构,高校领导防范与控制财务风险的意愿比较低,缺乏责任意识和效率意识。因此,完善高校外部治理是控制高校财务风险的基本前提,只有高校真正成为自我发展、自我约束、独立承担财务风险的责任主体,高校才能积极采取措施管理财务风险。

2.政府对高校从直接行政控制为主到间接宏观调控为主

政府对高校的管理手段包括直接调控和间接调控,这两种手段都因市场失灵而产生。直接调控是直接干预高等教育的当事人的行为权,依靠强制性的行政手段。间接调控是不干预高等教育当事人的行为权,依靠非强制性的经济手段。在计划经济时代,政府通过行政手段来执行所有者职能,高校没有任何独立自主的经营权,并且由于高校领导由政府考核和任免,由政府决定其升迁还是降级,他们的首要任务便是响应政府的号召,执行政府的政策,在这样的基础上建立的高校财务管理系统必然是不完善的,高校财务管理的功能将大打折扣,容易造成高校的财务政策失误,带来高校的财务风险。例如,有的高校的校领导权力过大,在制订重大的投资和筹资决策时,对决策的科学性和可行性缺乏科学的论证和分析,通过行政手段制订决策,最终给高校带来经济损失等。因此,政府应该以间接调控为主,即主要运用立法、规划、拨款、信息服务和政策指导来对高校进行管理,以直接调控为辅。例如,政府可以通过制定有关法律法规来保护高等教育和高校的合法权益,实现依法治教和依法治校。政府也可通过经济手段来对高等教育进行宏观调控。例如,政府可以通过调整拨款政策和拨款金额等方式来影响高等教育的发展,通过对家庭贫困学生给予财政资助和助学贷款等措施来保障高等教育的公平等。

3.加强社会对高校治理的参与

《中华人民共和国高等教育法》提出:"高等学校应当面向社会,依法自主办学,实行民主管理。"在高校的举办权上,政府不应是唯一的高校的举办者,可以引入更多的办学主体。也就是说,政府不再垄断提供高等教育这种准公共产品,可以将部分高等教育的提供交给社会和市场来承担。在高校经费的筹集中,我们可以借鉴国外高校的先进经验,引入更多的社会资金。例如,在美国,高校资金主要来自于以联邦政府为主的财政拨款,但学生的学费、公司、基金会和私人的捐赠也成为重要的资金来源,其中高校科研经费的来源更趋于多元化。众多的基金会和学术科研资助机构为科研人员提供科研资金,不仅保证了高校科研活动的正常开展,也保证了高校教师科研工作的学术独立性。另外,根据利益相关者理论,高校是一个典型的利益相关者组织,大学的利益相关者包括政府、教职工和学生等。高校要充分重视利益相关者的意愿,加强利益相关者对高校的监督,实现利益相关者对高校的共同治理。教师是高校的人力资本,也是在科研与教学方面最直接的利益相关者。让更多的教师参与高校治理非常重要,一方面,学校要为教师创造沟通交流的条件,了解教师对于管理与教学方面的想法与建议,减少由于信息沟通渠道不顺畅引起的摩擦,加强院系行政管理层与教师之间的信任;另一方面,学校要通过教职工代表大会进行民主协商,充分听取教师对于学术建设、内部管理的意见与建议。学生不仅是高校最庞大的群体,也是直接被管理的对象,他们对于学校管理存在的问题也会有深入的了解,但是目前学生参与高校治理的意愿低,因此高校要营造民主的文化氛围,构建学生参与治理的各种渠道,鼓励学生通过适当的途径来参与高校治理。

总之,高校要建立起既有利于高校自主经营,又有利于公众参与和社会监督的环境,改变目前政府对高校行政干预过多、过深的现状。防范高校财务风险是一项复杂的系统工程。高校财务运行健康与否及其风险状况,不仅与经费的供给状况与方式密切相关,而且与学校的目标定位、理财理念、体制机制等密切相关。因此,高校要确立绩效导向的理财理念,在扩大财源及经费投入的同时,开始重视资源的有效配置及利用,提升经费的使用效益。

（三）构建内部治理结构

良好的高校内部治理结构具有以下特征。(1)权责分明,各司其职。高校设置有决策机构、执行机构和监督机构。各个机构的权利和职责都是明确的。高校的决策机构代表产权所有者对高校拥有最终的控制权和决策权;执行机构在高校章程和决策层的授权范围内行使职权,组织开展高校的日常教学科研活动;监督机构依法对决策机构行使职责时的行为进行监督;决策机构、监督机构和执行机构之间权责明确、相互制衡和相互协调。(2)激励与制衡机制的有机结合。根据前面的分析我们知道,高校存在委托代理关系,由于委托人和代理人信息不对称,委托人可以通过一套激励机制,促使代理人采取适当的行为,最大限度地实现委托人所预期的目标。(3)职工参与民主管理的途径扩大。在现代高校管理体制下,高校要通过选举教师代表参与高校管理的决策环节,行使决策权,参与到监事会的工作中,行使监督权。因此,在构建良好的高校内部治理结构方面,要注意下面几个方面。

1.实现决策—执行—监督三权制衡

目前我国实行的是"党委领导下的校长负责制",党委是高校的最高权力机构和决策机构,主要负责高校的发展战略和重大事项决策;以校长为代表的行政系统负责实施党委决策;政府作为高校的出资者,有管理高等教育的义务,对高校的运行起到监督的作用。高校要建立决策、执行和监督三权分离及制衡的治理机制,即党委要保证高校各项活动的正确方向;行政管理部门要全面贯彻落实高校的各项政策,保证执行权力的正确行使;政府要对高校实施科学有效的监督,使党委和校长的权力在既定的轨道上运行。有效的三权制衡机制是高校内部控制良好实施的基础,只有在理顺了高校治理结构,明确了各部门权责的基础上,才能按照不相容职务、岗位互相分离的内部牵制原则,明确各岗位的职责权限,保证高校内部控制的良好实施,并提高效率。

2.重构内部治理权力体系,加强学术权力

我国高校的内部治理权力主要包括政治权力、行政权力与学术权力三种。政治权力源于政府,行政权力源于高校的行政管理层,学术权力则来自于高校的教职工。三种权力并行反映了高校利益相关者共同参与治理的本质。但在现实运行中,政治权力常与行政权力结合,甚至政治权力通过行政权力表现出来。更值得注意的是,行政权力在三大权力中居于主导地位,对学术权力的干预尤为严重,教职工在高校治理中的权力受到约束。因此,加强高校内部控制的建设必须重构权力体系,提升学术权力的地位,回归大学治学的本质。高校要加强学术委员会的权威,凡是涉及高校的学科建设和学术事务的重大决策都应由学术委员会决策。为保障学术委员会学术权力的充分发挥,高校还要明确学术委员会各成员的工作职责,规范学术委员会的运行机制与程序,建立健全议事制度,保证决策的科学合理,改变部分高校行政权力膨胀、学术权力弱化的现状。同时,高校要提高职工在教职工代表大会、工会等重要会议上发挥重大事项决策的权力与学校活动的监督管理能力。

3.建立全面的约束与激励机制

约束和激励是高校治理与内部控制的两种基本手段。首先，为保证高校决策权行使的合理性和效率，避免出现决策失误，必须在高校治理的框架内解决以校长为代表的高层管理人员的控制和激励问题。其次，为保证高校的政策能得到彻底的贯彻与执行，防范经济业务执行过程中可能存在的损害高校资产安全和经济效益的行为发生，高校要在内部控制的框架下解决对校长以下的业务执行部门和岗位的控制和激励问题。高校的约束激励机制必须改变传统的平均分配主义，以"经济人"假设为前提，以教职工的收入、职称、职务评聘和发展机会为主要内容展开，坚持收入与个人的人力资本投入相联系，以个人贡献业绩定职称职务。另外，为充分发挥教职工的积极性和创造性，还可以综合运用多种激励机制，实现高校和教职工个人的利益一致，真正建立起适应高校特点和教职工需求的开放的激励体系。

4.成立内部控制建设领导小组

目前，考虑经济业务的熟悉程度，大多数高校都将内部控制建设的工作交给财务部、纪检监察部门或者审计部门负责。但事实上，内部控制的建设涉及高校的多个部门，财务会计等部门只能起到一个牵头的作用，因此高校领导层要加强内部控制的意识，高校党委要发挥在高校内部控制建设中的领导作用，校长要对内部控制的建立健全和有效实施直接负责。高校要成立由校长担任组长，财务处、国有资产管理处、基建处、科技处、招投标管理处等部门人员共同组成的内部控制建设领导小组，建立高校内部控制建设的组织体系。高校还要成立专门负责内部控制建设的职能部门，明确学校各类经济活动的业务流程，对各个环节存在的关键风险点进行分析，在此基础上建立学校的各项内部管理制度，有效运用不相容岗位分离、授权审批、预算、财产保护和会计控制等多种内部控制的基本方法，对学校层面和业务层面进行管理。高校内部的各个部门,如各学院、各管理部门等,都要明确其在内部控制建设、实施与监督检查中的职责权限以及单位内部控制建设、实施与监督的程序和要求。另外,高校还要对内部控制建设进行监督检查,定期编写高校风险评估报告,对高校内部控制的完善和有效性进行客观评价,并提出有针对性的完善建议。

5.高校要建立全覆盖式监督体系

高校要建立全覆盖的监督机制,以防止决策失误、行为失范和权利失控。高校的监督体系主要包括行政监督、审计监督、业务监督、党内监督和民主监督。在高校治理结构上,高校一方面要明确党委会、校长办公会、教授委员会以及院系委员会等权力机构的职权范围,建立议事规则和活动规则;另一方面要充分发挥监察和审计机构的监督功能。在内部控制领域,高校要充分实现业务监督的作用,在现行管理模式下,任何一项业务环节发生异常,都会在相关业务中有所反映,业务监督是最为具体的一种监督形式。此外,高校还要充分实行党内监督和民主监督。党内监督的主要对象是高校的党员干部,监督对象的特定性决定了党内监督的指向性非常明确。民主监督是最具群众性基础的一种监督形式,监督主体多,体现了高校师生员工的利益诉求,高校要通过多种形式实现对权利的监督,以保障高校的健康发展。

(四)提高相关人员认识

1.提高校长认识

校长对高校财务部门的地位和作用以及存在的风险必须有高度、清醒的认识。

(1)作为学校管理的重要组成部分,学校财务部门应是宏观调控并参与决策的重要部门,而不仅仅是服务机构与学校领导的工具。在新形势下,高校财务职能部门不能再仅仅局限于传统的会计核算与记账功能,在为院系和其他部门提供更好的微观财务服务的同时,必须着眼于学校财务的长远发展,从宏观上考虑资源的筹划、资产的管理、资本的运营等重大财务事宜。作为一校之长,应确立财务管理在高校发展建设中的基础地位与调控功能,明确高校事业发展与财务管理的关系,把高校事业发展与财务管理统一起来。

(2)在现代市场经济条件下,高校应关注并引入风险管理,不能因忽视财务风险的存在而忽略风险管理。目前,相对部属重点高校来说,地方高校财务风险日益加大,主要表现在如下两点。①过度举债发展带来的财务风险增加。一是将有限的资金投入到未来发展上;二是依赖于巨额的银行贷款,如果学校一旦投资失误或者效益低下,财务风险骤增,会严重地影响学校的长期发展。②生源市场变化带来的财务风险增加。目前,我国的高等教育招生逐渐转变为买方市场,大多数地方高校将面临两难选择的尴尬局面:要么缩减招生计划,要么降格以求,招不到理想学生。但办学规模既已形成,大批软件、硬件设施已投入,缩减招生计划会造成资产的闲置、办学成本的增加,出现规模的不经济性;而招收的学生不理想,又会影响人才培养质量,对学校的形象产生负面影响,更难招到满意的学生。

2.提高财务人员认识

财务部门及财务人员对高校财务管理模式的变化及财务的职能必须有科学、全面的认识。

目前以"报账型"为主的财会工作模式严重滞后于高校改革,并与市场经济发展的要求不相适应,主要表现在以下四方面。

(1)财会工作基本停留在以核算为主的模式上,存在"重收入、轻支出,重项目、轻效益,重资金、轻物资,重购置、轻管理"的状况,形成了市场经济环境下财务的职能有所削弱的反常现象。

(2)财务管理目标不明且层次较低。在实际工作中,财务人员的任务就是按照领导的意见把钱用好,其管理仅停留在一般意义上的收拨、分配与使用资金;很多人对于在市场经济体制下高校财务管理"应该做什么,如何做"不甚了解,从而决定了财务管理是低层次的。

(3)财务人员管理意识淡薄,观念较陈旧,导致了财务工作面临的压力和矛盾增加,财务管理职能难于发挥的局面。

(4)不重视财务分析。许多高校财务对资金的结构、状态、支出结构、效益缺乏分析,以至于无法科学考核学校整体和各部门资金的使用效率。

3.提高教师认识

全体教职工对本校建设、改革和发展中财务所做的贡献和财务出现的问题,要有冷静、客观的评价。

如今,面对日益严峻的财务状况,有的高校的教职工由于受传统影响和"养尊处优"意识的影响,不能立刻适应,普遍存在着情绪,以至于对学校财务包括财务部门及人员存在不冷静、不客观的评价。一方面,面对日益严峻的财务状况,高校财务部门为学校的建设、改革和发展做出了积极贡献,发挥了巨大的调控和财力保证的作用;另一方面,作为一个综合职能部门,财务机构对于目前的财务困境也是有责任的。高校财务部门还存在着职能作用发挥不够、参与决策主动性不强、内部会计控制制度建设欠深入等方面的不足,尤其是在更新观念、参与资金运作发挥财务部门的职能作用方面要做的工作还很多。

4.提高社会公众认识

高等教育系统乃至全社会对高校的调整、扩招以及高等教育改革与发展所取得的成果要达成共识。

经过扩招,我国高等教育终于改变了它诞生百年以来的精英教育性质,进入国际公认的大众化阶段,它不仅每年为数以百万计的青年学子提供了可能改变他们一生命运的圆梦机会,而且对我国从根本上促进社会公平,变人口大国为人力资源强国,增强总体竞争力,保证我国经济稳定、健康和持续的发展,实现建成小康社会、和谐社会和创新型社会的宏伟目标,具有重大战略意义。"十五"以来,高校发展速度之快,办学规模之大,改革举措之多,教育惠民之广,已为社会瞩目和认可,高等教育改革与发展所取得的成果有目共睹。

第七章　高校财务管理的新问题和新发展

财务管理工作具有很强的专业性及综合性,是高校管理工作的重中之重。随着高校规模的不断扩张,财务管理工作承担着筹集资金、保障经费的重要责任。完善及提升高校的财务工作,有助于帮助高校维护财政秩序及合法权益,优化办学资源配置及提高办学绩效。但是在当前的市场经济条件下,公共财政体系及现代大学制度逐步得到完善及建立,而高校财务管理工作仍然沿用传统思路及规章制度,已经落后于当前的高校发展形势。面对新形势下高校财务管理工作所面对的新问题,政府及高校应及时调整思路及政策,不断改革与创新高校财务管理工作,使其取得新的进展。

第一节　高校财务的供给侧改革

《国家中长期教育改革和发展规划纲要(2010—2020)》指出,我国教育还不完全适应国家经济社会发展和人民群众接受良好教育的要求。受制于当前我国高校教育的质量的欠缺,一部分中等收入家庭倾向于送子女出国接受教育,这说明我国高等学校教育水平与受教育者的教育需求之间存在一定的差距,因此有必要对高等教育开展供给侧改革,以提升高校整体教育水平,满足人民群众受教育需求。

一、供给侧改革概述

2016年1月29日,习近平在中共中央政治局第三十次集体学习时指出："推进结构性改革特别是供给侧结构性改革,是'十三五'的一个发展战略重点。"

(一)需求与供给

1.国内有效供给满足不了有效需求,致使到国外消费

中国人喜欢到国外去消费:在物质层面,去日本买马桶盖、去韩国买美妆、去澳大利亚买婴儿奶粉、去意大利买包、去荷兰买剃须刀等;在非物质层面,到国外去接受教育、医疗、旅游等服务。这些东西中国不是没有,就是没有高端的、没有国外供给的质量高、环保干净和服务好。

2.供给与需求的概念

经济学基本问题就是从供给与需求两个侧面分析问题。供不应求或者供过于求是经济生活中的常态,是绝对的;供求均衡只是动态的,是相对的。供给与需求是矛盾的两个方面,是对立又统一的,是辩证的关系。

对需求和供给的分析是现代经济学一般理论分析的逻辑起点。一般定义为,需求指的是消费者在一定时期内,在各种可能的价格下愿意而且能够购买的该商品的数量。而需要指的是消费者想得到某种商品的愿望。需求不是自然和主观的愿望,有效的需求应该满足两个条件:消费者有购买的欲望和有购买的能力。供给指的是生产者在一定时期内,在各种可能的价格下愿意而且能够提供出售的该商品的数量。这种供给是指有效供给,其必须满足两个条件:生产者有出售的愿望和有供应的能力。

(二)中央对"供给侧结构性改革"的提出

2015年11月10日,习近平在中央财经领导小组会议上首次正式提出"供给侧结构性改革"。

11月18日,习近平在 APEC 会议上再提"供给侧改革",指

出："要解决世界经济深层次问题，单纯靠货币刺激政策是不够的，必须下决心在推进经济结构性改革方向做更大努力，使供给体系更适应需求结构的变化。"

12月22日，中央经济工作会议指出："稳定经济增长，要更加注重供给侧结构性改革。"

《中央经济工作会议(2016)》指出："党的十八大以来，形成以新发展理念为指导、以供给侧结构性改革为主线的政策体系，引导经济朝着更高质量、更有效率、更加公平、更可持续的方向发展，提出引领我国经济持续健康发展的一套政策框架。"

高层为何重视供给侧改革？11月18日，中央财经领导小组办公室副主任杨伟民在财经年会上表示，作为中央"十三五"规划建议的灵魂，本质上体现的就是供给侧的结构性改革问题。

(三)供给侧改革的内涵

1.为什么要提出供给侧改革

中新网记者骆阳报道："近日，中共中央总书记习近平在中央财经领导小组会议上提到，加强供给侧结构性改革，增强经济增长动力。对此，美国《侨报》12日刊文表示，中国提出'供给侧改革'正是对症下药之举。文章称，所谓'供给侧改革'就是从供给、生产端入手，通过解放生产力，提升竞争力促进经济发展。这种改革具体而言，它要求清理僵尸企业，淘汰落后产能，将发展方向锁定在新兴领域、创新领域，创造新的经济增长点。举简单的例子，中国人对手机需求量很大，但美国苹果手机在中国却甚是走俏。中国早有生产电饭煲、马桶等生活用品的能力，但中国人却不吝重金购买日本品牌。这背后折射出中国长期对'供给侧'的疏忽，造就了今日难以满足市场需求的尴尬。哪些领域、哪些产业、哪些产品在'供给侧'需要加大投入和生产，正是中国经济结构转型升级的需要。全球不缺消费者，缺的是具有竞争力的产品。"

简单地说，原来我们从需求侧来拉动经济增长，是从需求方面出发的。但现在一般的供给满足不了人们的需求，需要从供给方面改革来提供更高质量又无污染的产品去满足人们的需求。

2. 供给侧结构性改革的根本目的

2016 年 5 月 16 日，习近平在中央财经领导小组第三次会议上指出："供给侧结构性改革的根本目的是提高供给质量满足需要，使供给能力更好满足人民日益增长的物质文化需要；主攻方向是减少无效供给，扩大有效供给，提高供给结构对需求结构的适应性。"

《中央经济工作会议（2016）》指出："供给侧结构性改革，最终目的是满足需求，主攻方向是提高供给质量，根本途径是深化改革。最终目的是满足需求，就是要深入研究市场变化，理解现实需求和潜在需求，在解放和发展社会生产力中更好地满足人民日益增长的物质文化需要。主攻方向是提高供给质量，就是要减少无效供给，扩大有效供给，着力提升整个供给体系质量，提高供给结构对需求结构的适应性。根本途径是深化改革，就是要完善市场在资源配置中起决定性作用的体制机制，深化行政管理体制改革，打破垄断，健全要素市场，使价格机制真正引导资源配置。"

3. 供给侧结构性改革的本质

2016 年 5 月 20 日，习近平在中央全面深化改革领导小组第二十四次会议上指出："供给侧结构性改革本质是一场改革，要用改革的办法推进结构调整，为提高供给质量激发内生动力、营造外部环境。各地区各部门要把依靠全面深化改革推进供给侧结构性改革摆上重要位置，坚定改革信心，突出问题导向，加强分类指导，注重精准施策，提高改革效应，放大制度优势。"

供给侧改革和需求侧改革相互依存，共同发力。只不过供给侧改革是对多年来需求侧管理累积问题进行的综合矫正。两者都是让生产要素的潜能充分释放，使供给侧与需求侧更高发展阶段达到均衡。

4.中国特色的供给侧改革理论的基本点

(1)中国特色的供给侧改革理论应以马克思主义的唯物辩证法和经济理论为指导,吸收西方经济理论的合理内核,总结世界经济中"供给"与"需求"的经验与教训,总结新中国近70年来在"供给"与"需求"的经验与教训,联系中国有特色的社会主义市场经济的实践,坚持实践基础上的理论创新、制度创新、科技创新、文化创新以及其他方面的创新,鼓励为探索中国特色的供给侧改革理论的争论,不断完善中国特色的供给侧改革理论。

(2)供给与需求是经济学最基本的概念。供不应求或者供过于求是经济生活中的常态,是绝对的;供求均衡只是动态的,是相对的。供给与需求是矛盾的两个方面,是对立又统一的,是辩证的关系。供给侧改革重点是"供不符求",减少无效和低端供给,扩大有效和中高端供给,增强供给结构对需求变化的适应性和灵活性,提高全要素生产率。

(3)供给侧结构性改革的根本目的是提高供给质量满足需要,使供给能力更好地满足人民日益增长的物质文化需要;主攻方向是减少无效供给,扩大有效供给,提高供给结构对需求结构的适应性。

(4)供给侧结构性改革本质是一场改革。供给侧要解决长期可持续发展问题,最需要的是一整套新的制度和政策供给,以改革创新精神补齐制度短板,放大制度优势。

(5)供给侧改革决不排斥需求。它包括:①供给侧改革需要"适度扩大总需求""需求引领""释放新需求";②供给侧改革要求供给侧和需求侧两端协同发力,达到供给与需求的有效平衡;③供给侧和需求侧都需要改革、需要创造消费需求。

(6)在供给侧改革实践中,中国幅员辽阔,经济发展不平衡。应该从不同时期、不同地区、不同产业结构的实际出发,决定供给侧改革是主要矛盾还是需求侧改革是主要矛盾,并在动态中注意主要矛盾的转化。在精准进行供给侧改革实践中不断完善中国特色的供给侧改革理论和供给政策。

（7）需要看不见的手与看得见的手合力配合。经济体制改革是全面深化改革的重点，核心问题是处理好政府与市场的关系，使市场在资源配置中起决定性作用和更好地发挥政府作用。政府的职责和作用主要是保持宏观经济稳定，加强和优化公共服务，保障公平竞争，加强市场监管，维护市场秩序，推动可持续发展，促进共同富裕，弥补市场失灵。

二、高等教育供给侧改革的主要任务

2015 年中央经济工作会议指出："结构性改革主要是抓好去产能、去库存、去杠杆、降成本、补短板五大任务。"高等教育领域虽然也有经济活动，也会存在类似整个国民经济中"三去一降一补"现象，但高等教育毕竟不同于经济部门，笔者提出高等教育领域中的"三去两降一补"，即去行政化、去编制、去产能、降失业率、降成本、补短板。

（一）去行政化

1. 去行政化的内涵

2013 年 11 月 15 日，十八届三中全会通过的《中共中央关于全面深化改革若干重大问题的决定》第 15 条指出："加快事业单位分类改革，加大政府购买公共服务力度，推动公办事业单位与主管部门理顺关系和去行政化，创造条件，逐步取消学校、科研院所、医院等单位的行政级别。建立事业单位法人治理结构。"

从上面规定我们可以看出：（1）"去行政化"指的是单位，如上述的"学校、科研院所、医院等单位"，而有些学者却提出"教育去行政化"。（2）"去行政化"的前提是"事业单位分类改革"。大学都感到去行政化难，一个重要的原因是必须进行事业单位分类改革,这就涉及下一个问题——去编制。

诚然,"去行政化"的内容之一是"逐步取消学校、科研院所、医院等单位的行政级别",但这是一个比较容易做到的次要问题。高校行政化主要表现为两个方面:一是政府对学校的行政化管理,二是学校内部的行政化管理。在20世纪90年代,党和政府就规定了"在政府与学校的关系上,要按照政事分开的原则,通过立法,明确高等学校的权利和义务,使高等学校真正成为面向社会自主办学的法人实体";"政府要切实转变职能,改善对学校的宏观管理","坚决实行简政放权","由直接行政管理转变为运用规划、法律、经济、评估、信息服务以及必要的行政手段实行宏观管理"。

2010年以来,党和政府明确提出"去行政化",并加大了简政放权的步伐,减少了很多对高校的行政审批权,推动了《高等学校章程》建设等。但还有诸如"去行政级别""去直接拨款"等工作。

处理好政府与高校的关系,进一步明确政府与高校的职能定位,要通过立法来明确政府管理高校的权力边界,各司其职。就政府而言,规范政府的行政权力,对学校进行有效指导、协调、监管和服务;就高校而言,要克服《法门寺》里的贾桂只会站不敢坐的习惯,放手按《高等学校章程》履责,落实高校的办学自主权。

高校应是培育人才、探索真理、崇尚学术自由、创新知识的园地。高校内部的行政化表现在:学校管理不是遵循教育规律、科研规律办学;学校官员垄断资源分配权,用长官意志决定申报科研项目、申报教学、科研奖,评定职称等。高校行政化的结果是英雄无用武之地。

高校去行政化需要完善大学治理结构,厘清行政权力和学术权力的边界。高校去行政化不是不要行政管理,而且高校行政化不仅无益于行政管理,而且严重损害了科学高效的行政管理。高校行政管理主要是通过服务为教学、科研培养一个创新的环境。

2. 去行政化与供给侧改革的关系

《中国教育改革和发展纲要(1993)》(中发〔1993〕3 号)第 18 条指出:"学校要善于行使自己的权力,承担应负的责任,建立起主动适应经济建设和社会发展需要的自我发展、自我约束的运行机制。"《中华人民共和国高等教育法》明确规定了高校拥有 7 项办学自主权,《高等学校章程》也规定了办学自主权。

行政化管理严重影响了高校适应高等教育、适应市场需求的能力,行政化管理也严重影响了高校发展的积极性,成为高等教育创新的桎梏。就政府与高校关系而言,政府行政化管理严重影响了高校办学自主权的落实;就高校而言,高校行政化管理严重影响了教学、科研的积极性。去行政化是去掉政府与高校无效和低端行政供给的一场改革。其目的是引领高校的有效需求,尽可能地释放教学和科研的潜能,增强高校对市场需求变化的适应性和灵活性,不断提高高等教育质量,促进科研创新,更好地满足人民对日益增长的高等教育需要。

(二)去编制

前已述及,"去行政化"的前提是"事业单位分类改革"。去行政化必须进行事业单位分类改革,这就涉及去编制。因此,高校退出编制是去行政化的第一步,同时,用"去编制"倒逼事业单位改革。

综述上面文件规定,高校"去编制"的基本内容如下。

(1)保留高校的事业单位身份,属于"公益二类事业单位"。

(2)逐步实行机构编制备案制。备案制指高校根据事业发展需要可自主聘任人员,不需上级主管机关审批,只需报送备案的制度。这就减少了行政审批义保证高校用人自主权,逐步形成了审批制与备案制相结合的管理方式。

(3)"老人老办法、新人新办法"的原则。以 2012 年底编制为基数,对现有编内人员实行实名统计,随自然减员逐步收回编制;对新进人员实行聘用制度。逐步取消事业单位编制管理,转为全员合同聘任制。事业单位不属于行政序列,破除了"国家干部"的铁饭碗。

(4)高校可以设"流动岗位"。2015年3月13日,中共中央和国务院发布的《关于深化体制机制改革加快实施创新驱动发展战略的若干意见》第22条指出:"允许高等学校和科研院所设立一定比例流动岗位,吸引有创新实践经验的企业家和企业科技人才兼职。试点将企业任职经历作为高等学校新聘工程类教师的必要条件。"

(5)用预算管理代替编制管理。财政部财政科学研究所教科文研究中心副研究员张绘的研究表明:"财政部门主要负责管理财政资金总量,给出相应的预算编制标准,用预算管理制度来代替编制管理制度,具体的资金使用如何更好地推动高等教育事业发展完全由用人单位自主决定。……此外,预算管理的改革也将改变长期以来的指挥棒,比如,改革现有的高等教育财政资金拨款模式,建立以绩效为导向的拨款制度;改变过去以发论文为主要绩效考核指标,取而代之更多的是满足社会服务的需求,科技成果转化应该成为将来绩效考核指标的重要因素。"这样,财政管好总量和支出结构,给予学校更多的预算自主权。

(三)去产能

高等教育产能过剩需要供给侧改革。目前,一方面,由于我国优质高等教育资源不足,主动出国留学和被一些国家和港台的大学来招的优秀学生留学的势头仍不减,加剧了高校生源减少;另一方面,企业某些产能过剩可以通过出口等消化,而我国目前由于高等教育质量不高而停留在劳务输出。因此,必须进行高等教育供给侧改革。

积极应对高校生源不足的影响,进行高校的供给侧改革。一是提高高等教育质量,二是适应学生个性化多元化的选择。高等教育的个人需求是"用脚投票",如果高校质量不高,没有特色,我国本来逐渐减少的生源还会外流,导致高等教育的产能过剩。此外,中央已决定在 2020 年左右毛入学率达到 50％,实现高等教育普及化。

高校的教学改革是高校供给侧改革的重要内容。高校应该根据《高等学校章程》赋予的自主权,瞄准用人单位与人才市场需求和受教育者的个人需求,在培养方式、专业设置、课程内容、教学方法等进行深入改革,提高高等教育质量,提供高等教育的有效供给、精准供给和创新供给,摒弃粗放型、同质化、简单化的低端供给和无效供给,努力解决结构性产能过剩的问题,真正实现"办人民满意教育"的目标。提高教育质量,不仅提升就业率,而且提升入学率。

(四)降失业率

学生就业率低的原因是多方面的,既有多年积压的经济问题导致经济结构改革与经济减速,造成就业岗位不足的问题,也有多年积压的教育问题导致教育结构不合理,造成高校低端供给和无效供给的问题,又有学生不切实际的择业观等问题。因此,"降失业率"必须多方共同发力。政府应通过用人单位尽量提供较多的就业岗位,高校应通过供给侧改革努力提供人才市场需要的人才,学生应端正择业观从基层做起,先就业后创业。

党和政府十分重视大学生的就业,国务院提出"就业质量"的要求。2014 年 5 月 9 日,《国务院办公厅关于做好 2014 年全国普通高等学校毕业生就业创业工作的通知》(国办发〈2014122〉号)规定:"各高校自 2014 年起要发布高校毕业生就业质量年度报告。"我们呼吁精准就业,提高就业质量。

(五)降成本

不少高校对教育进行粗放型管理,不注重德育和体育,热衷于大楼却缺乏大师,缺乏主动适应经济建设和社会发展需要的教学内容,不区分学术型与应用型培养对象的质的差别,满足于不变的必修课却缺乏有特色的选修课,满足于不变的书本知识还不注重实验、实习等实践性教学,相当多的硕士生和本科生学位论文缺乏创新等。

从高等教育"精英化"到"大众化"都要注重高等教育质量。强调提升教育质量,说明了教育质量有提升的空间。特别是扩招后上的新专业,师资、专业课程等都是新凑的,以其昏昏使人昭昭的误人子弟是不可避免的,之后新教师们忙于论文、读博、职称、科研而教学精力投入不足也是常见的,而忙于行政和挣钱也是屡见不鲜的;当然学生不努力也是问题,如记者杨晓明报道,高校替人上课明码标价,学生称课程无聊浪费时间。替课可谓明码标价:普通课20元,如果有实验课、体育课,价格可能比普通文化课要高一些。因为,体育课的难度大,实验课的时间长。如果是赶上体育课跑800米,替课的费用可能要80~100元。有人一天能赚100元左右。高校要供给优质教育资源,必须在提高高等教育质量上狠下工夫。提高高等教育质量就是减少低端和无效的教育产能。低端和无效的教育产能不仅浪费了当年教育投入(财政拨款和学费等)的教育资源,而且浪费了高校教职员工的人力资源和校舍、设备等物力资源,还损坏了学校名声等无形资产,因此,提高高等教育质量就是宏观上降低学校的培养成本。

(六)补短板

高等教育结构改革需要补短板。美国管理学家彼得提出的木桶原理告诉我们,木桶盛水量多少的关键因素不是其最长的板块,而是其最短的板块,高校供给侧改革就是通过补短板来发挥整体效率。

由于各校在高等教育结构中存在短板情况各异,因此要从整个高等教育来分析高等教育结构中的短板。在高等教育的数量与质量之间,高等教育质量是短板;在公办高校与民办高校之间,民办高校是短板;在培养学术型(理论型)人才中"钱学森之问"中的"杰出人才"是短板；在培养应用型人才中李克强指的"工匠"是短板等。

一方面是相当一批专业人才因非国民经济和社会发展的需要而待业，另一方面却有一批专业人才因国民经济和社会发展的急需而短缺。这反映了我国高等教育的产能是结构性过剩，学校必须主动适应经济建设和社会发展，根据社会主义市场经济和民生的需要设置专业、必须按照供给侧要求进行结构性改革，办人民满意的教育。

习近平总书记指出："减少无效和低端供给，扩大有效和中高端供给，增强供给结构对需求变化的适应性和灵活性，提高全要素生产率。"目前，我国高等教育已不能满足广大人民群众对优质教育资源的需求，不少政界、学界、商界中的中等收入家庭选择送孩子到国外留学，表明对我国的高等教育供给缺乏自信。供给侧改革要求高校必须主动适应经济建设和社会发展的需要，精准研究经济社会发展和就业市场的需要，主动调整专业设置和招生规模，努力提高就业率和就业质量，提供高质量的高等教育，努力办好人民满意的高等教育。因此，供给侧改革要求高等教育结构性改革，这才能促进高等教育的发展，这是高等教育"十三五"乃至更长时期的改革任务。

第二节　高校财务的信息化管理

随着信息技术的不断普及与应用，高校财务管理工作也面临着改革与创新。一方面高校财务管理工作系统要实现全面信息化，将先进的信息网络技术应用到其中，另一方面财务管理工作人员要转变思维模式，适应信息时代财务运作的新模式与新方法，以不断提升高校财务管理工作效率，在一定程度上缓解高校面临的财务困境问题。

一、高校财务信息化管理概况

（1）信息化观念。21世纪以来，信息技术取得了飞速发展，成为推动社会经济发展的强劲推动力。为了适应当前社会经济信息化的发展，高校财务管理人员应该在工作中积极引入信息化理念，率先实现财会电算化，继而全面推动信息技术在高校财务管理工作中的应用，要以信息集成、资源共享、平台共用的现代信息化观念实现高校的财务信息流程再造，以此来实现高校财务工作的科学性、预测性及决策参考性。高校财务管理人员要全面准确地认识信息化给校内及校外形势所带来的变化，以此来不断提升财务工作的效率。

（2）网络化观念。近年来网络技术实现了不断的创新与发展，使得高校财务管理工作得以更加高效地展开，催生了网络财务的诞生，实现了财务与业务的协同，在一定程度上实现了节约资源的目的。所以，高校财务管理人员应该紧跟当下网络环境最新形势，创新财务管理理念，实现财务工作信息的网络化，加强信息与信息之间的交流机制，实现部门与部门之间的信息共享，最终为高校提供全面的战略信息和财务报告。

信息化和网络化是当代社会的一个显著特征，集成化、标准化、流程化的管理成了今后财务管理工作的发展趋势和方向。在高校规模化及分级管理体制下，需要结合信息技术和网络技术，实现财务数据的有效采集与挖掘，达到科学化、标准化、精细化的财务管理模式，为管理决策搭建信息沟通平台。

（一）当前财务运作模式存在的问题

当下实现高校财务管理工作的创新与改革，最重要的一点是要实现信息技术的创新与发展。也就是说，高校要不断改革与创新财务信息的搜集、整理、加工、传递、存储、检索相关的技术与方法，要持续推动计算机技术、网络技术、通信技术等的创新与改革。目前我国大部分高校财务软件将重点放在软件开发上，而忽视了对软件运行过程的维护与修订，不注重软件与时俱进的更新速度，以致于在一定程度上阻碍了高校财务工作的高效运行。除此之外，网络化程度较低等现实问题，都给当前高校的财务管理工作造成了一定程度的不便，因此应该不断推进高校财务管理工作的技术创新，以保障财务管理工作顺利高效地展开与运行。

1.会计管理信息传递滞后

高校财务管理工作的传统运行模式是静态财务管理模式，管理者开展工作所参考的是上一会计期间的相关信息及资料。管理者不能及时地掌握高校中正在进行的财务业务与活动，会计信息的录入与完善具有延迟性，由此造成财务管理人员无法实时查看与确定高校各个部门的财务状况，当高校领导做出相关决策需要一定的财务信息作为参考时，传统的高校财务管理状况无法提供准确数据，因此当前高校资金的运作有所迟滞。并且下属二级院校因为会计信息的延迟，而无法顺利及时地开展校务工作，对高校管理、预算编制、执行、分析和宏观调控造成了一定的影响。

2.会计信息结果反映失实

在高校传统财务运作模式中，算盘、纸张、计算器是较为常见的运算工具，工作人员需要通过手工操作逐步完成财务审计与核算工作。高校在开展招投标项目工作时，传统的财务操作模式因为时间、空间等的限制，不能准确、快速地为项目预算做出审核。除此之外，因为财务工作人员自身技术与水平的差异，在开展财务工作时可能导致财务工作流程不规范，财务科目设置不合理，资金使用存在一定的问题，报表编制与当下相关规定有出入，年终决算存在一定的误差，财务信息有失准确等问题。

3.会计信息掌握不全

在传统财务运作模式下，会计活动管理过程系统构建不完善,无法满足高校财务管理的需要。首先,当下高校收费系统存在一定的缺陷。因为高校每年招收大量的学生,其收费项目较多,收费金额相对较大。其中有些高校出于筹集资金的目的而增加收费项目,使得学生多缴纳一些不必要的费用。这种乱收费现象在社会中引起了强烈的反响,给高校形象造成了一定的影响。其次,高校票据管理不太完善。高校财务工作人员在处理票据时,票据的申购、入库、出库到收款开票存在一定的时间差,因此有时会出现票款不符的情况。再次,学生欠费查询系统、学生个人信用信息系统构建不完善。高校不能准确及时地了解学生欠费的具体情况,以及其毕业之后的安排等,因此无法追缴欠收的学费。由此还造成的另外一个问题是,欠费学生人数逐年增多,学生欠费总额越来越高,甚至在一定程度上影响了高校的财务运行工作。

4.会计监督流于形式

在传统政务运作模式下,各高校的财务监督基本上是事后监督,会计检查基本上是手工查看记账凭证、核实账簿和会计报表等,实物检查也只是组织相关人员进行财物清点,列出盘盈、盘亏数,对于财务运行的既成结果,只要不是严重违反财经纪律,一般只能做勉强性处理,很难做回溯性追究。

(二)高校财务管理信息化的意义

1.增进高校管理效益

经济与教育之间存在着密切的联系。首先,经济在一定程度上制约着教育的发展;其次,教育在发展的同时推动着经济不断向前发展。微观经济是高校整体发展的前提,微观经济基础管理水平制约着高校整体水平的发展。作为微观经济基础重要组成部分的财务资源领域,其管理水平的高低直接影响着高校教育的管理水平。高校整体管理效益可以用一个指标体系来衡量,包括学校声誉、学术资源、学术成果、学生情况、教师资源和物资资源等。以上指标都需要财务提供相关的资料及信息，如申请增设更多的博士点、硕士点，加强与完善国家重点学科和国家重点实验室，提升高校教师队伍的质量等，这些活动都需要高校提供较为详实、准确的财务信息。实现高校财务管理工作的不断完善，使得高校财务资源有更高的投入产出比，是当下提升高校管理效益的关键环节。财务管理离不开管理人员的管理水平，离不开先进的技术设备、技术人才、软件、各项预决策技术等。高校财务管理领域唯有实施技术创新，才能提高高校财务管理系统的运行效率，增强系统功能，优化系统结构，达到增进高校整体管理效益的目的。

2.支撑高校投资需求和资金量

与基础教育有所区别的一点是，高等教育中所要求的教学仪器更加精密，所花费的资金也更多，因此要筹办一所高校需要花费较多的资金，同时也要耗费较长的时间。为了使得教育资源实现优化配置，促进高校财务工作科学高效地运转，需要政府给予一定的行政拨款的同时，而对学校本身的事业基金和专用基金等自有资金结余，都继续将余额滚存结转至下年留用。

二、高校财务管理信息化技术与方法创新

从构建财务综合信息系统、财务信息查询系统、动态报告系统、信息风险控制系统和绩效评价与决策系统五个方面，阐述高校财务管理信息化创新。

（一）构建财务综合信息系统

财务管理信息化建设的重要性。新财务管理模式是在资金集中管理、内部分级独立核算的基础上实行统一领导和分级管理的，需要适时地掌握和控制整个学校预算的执行情况和各个学院

预算的履行情况,并实施全程控制。要做到对各个学院预算的履行情况实施全程控制,并且由财务处集中管理各学院的资金并统一核算其财务收支,现代先进的网络技术和管理信息系统是重要的技术支持。伴随着网络的普及与发展,信息基础取得了突飞猛进的发展,这为高校财务管理工作的创新与改革提供了契机与条件。为了紧跟当前经济发展形势,高校财务管理人员可以利用现代信息技术的管理与方法,搭建高校财务工作的技术支撑平台,以此来推动高校财务管理工作的业务流程再造,最终更高效地为高校运作与管理决策服务。信息技术的迅猛发展对高校财务管理工作提出了挑战,将先进的信息技术引入高校财务管理工作之中已是不可避免的趋势。

高校财务信息平台的组成。要实现信息更大的效用,需要对原始数据做进一步的整合、加工与分析。对信息的处理一般包括对信息本身的分类、分级、核对、筛选,以保证信息的质量;对信息的数据进行处理和分析判断,并提出建议、报告,以供领导决策参考。具体处理如下:(1)分类。对数据信息按照一定的标准进行分类。例如,根据数据的来源区域将信息分为校外与校内;根据数据的核算范围,将信息分为全局还是局部;根据数据的录入频率,将信息分为日常还是突发;根据数据的重要程度,将信息分为重要还是一般等等。(2)分级。财务管理人员在核对、确定财务信息的涉及部门、重要性及实效性之后,及时将相关信息送达相应的级别与部门,保证信息传达的合理性、准确性和及时性。(3)核对筛选。财务管理人员需要对初始数据进行检查与核对,将不准确、不正确、不全面的信息挑选出来,做进一步的修正、补充与完善,以保证最终财务信息的准确、正确与完整。(4)数据处理。数据只是"对特定的目的尚未做出评价的事实",财务工作需要对其做进一步整合与加工,最终才能产生对实际工作有用的信息。(5)分析。初始数据往往是庞杂而大量的,财务工作人员要根据数据使用的目的对其做出分析。根据其内在的相关联系,做出正确判断,并提出合理化建议。

构成财务综合信息系统模块。会计核算系统是财务信息系统中的核心过程。我国财政体制改革持续加深,高校对资金的管理水平也需要不断地提升。在高校内部的财务管理中,除了财政专项经费外,各上级主管单位的各种指定用途的专款,各类横向、纵向科研经费,课程建设、教材建设、学科建设等经费均单独立项管理,因此项目核算的准确性直接影响项目经费信息的准确性。随着信息技术的不断发展与创新,高校将信息技术引入财务管理的过程中,要不断推进对项目经费的管理和核算工作,保证财务人员输出信息的准确性与实用性。除此之外,财务管理工作也不能放松对资产管理、工资管理的重视,财务工作人员可以选择将师生关心的财务信心发布到相关的财务信息平台上,以使得财务信息相关人员更加方便与准确地了解财务信息。

全面构筑具有前瞻性的财务信息化管理平台。当前,高校在推进会计网络化的过程中还存在许多问题,例财务软件运行卡顿,还无法与多种软件兼容,不能抵抗病毒的攻击等,这些问题使得高校财务人员在使用软件的过程中引发了许多实际问题。所以,全面构筑具有前瞻性的财务信息化管理平台,才能进一步加快会计信息传递的建设步伐。(1)建立集中式财务管理体系。要实现财务信息核算的及时性,能够将某项经济活动开展期间的财务状况动态地反映在财务报表之中,能够实现财务人员网上办理收支事项等。(2)协同处理财务与管理业务。财务管理人员要使高校财务工作实现物流、资金流、信息流与票据流的整合统一,能够实现财务信息在相关部门之间自由流畅地流通与分享,包括财务信息与业务信息,做到财务与业务协同,管理信息全面集成。(3)构建会计信息交流空间。在开发安全、可靠、实用的会计网络化软件的同时,开通会计网络化网站,与各国进行会计信息交流,获取具有国际可比性的会计信息,促进会计信息自由流动,为各国会计准则协调发展提供广阔的交流空间。

运用现代化的电子信息技术全面实施高校财务管理一体化。这样能够有效地把高校各级部门与各项业务连接起来,最终提升财务信息在各级各部门之间的传统速度,提高高校内部的财务信息共享程度,使信息在部门与业务之间达到流畅交换。为了实现这一目标,高校需要做好以下几项工作:全面实施资金动态监控;实时采集财务数据信息;建立"一站式"单位报账平台;实现财务业务一体化;全面强化预算管理;实时产生教育事业经费、财务会计的报表,并实现自动汇总、分析,为主管部门管理决策提供信息依据;支持远程报账、远程查询,充分借助信息平台优势,实现校内人员收入、支出、资产、负债、工资项目、银行账户的资金流向的网络化管理;实现多种对外数据接口,支持财政拨款接收、网上银行支付、银行自动对账、银行代发工资、政府采购、非税收入收缴等业务协同管理。

(二)构建财务信息查询系统

财务信息的公开平台是网络软件,财务信息查询系统要涵盖充足的财务信息与资源,保证查询人员能够在其中查询到所需的财务数据及信息,因此财务工作人员要保证财务信息体系的连通性,保证其能够自由顺畅地实现数据交换与传输。高校财务信息查询系统包括高校教育活动中所涉及的方方面面,如工资库、部门预算库、密码库、学生收费管理库及住房公积金库等内容。整个系统由多个模块组成,每个模块下设二级模块,二级模块下设三级模块,通过选择二级模块内的序号就可进入三级模块去查询自己所需要的内容。由于系统具有层次性,可以根据模块的不同为用户分配不同的权限,以实现分级管理。

(三)构建动态报告系统

在高校财务管理工作中构建动态财务信息系统,有助于财务工作更加科学、准确地开展。高校在开展教育活动的过程中,伴随着经济活动的不断发生,以及各项财务核算工作的持续展开。在此过程中,财务工作会不断出现新的财务信息,不过原始的财务数据仅仅可以用于初级的会计信息查询。高校领导者做出相关决策时,需要参考的财务数据是经过财务工作人员整合、计算之后所得出的相应财务指标,决策者需要将本期指标与往年指标或者参考指标进行对比,以衡量当前高校财务实际状况,最终做出合理的经费使用策略。所以,完善动态的财务信息系统是十分必要的,这样才能为高校决策者提供即时、动态的财务参考数据。我们要推动高校财务系统的持续升级,以更好地为高校教育教学及科学研究服务,就要不断地利用更加先进与完善的会计软件深化与整合初始财务数据,以此来为相关人员提供更加详实与综合的会计信息。在实践中,高校可利用预算管理模块,通过一定的程序设计、财务指标的设定,分别向各个二级学院随时提供预算执行情况、提供指标超支的预警信息,定期在线生成二级学院的财务报表,真正达到在财务管理层面上实现二级办学。

基于信息公开的民主管理和共享。从门户网站到综合软件在线平台的应用,电子信息技术使得财务信息以更加方便与透明的渠道呈现在相关人员面前。相比于传统的财务信息公开模式,提升了财务信息的透明度,能够在一定程度上推动高校的民主管理,使得高校内部各部门、各群体之间实现财务信息的共享。随着高校财务管理信息化的发展,推动公开财务信息的审批程序流程化将是下一步财务管理工作的重点内容,在审批过程中要保证财务信息的科学性、准确性、有效性及真实性,同时还要做好财务涉密信息的保密工作。同时,财务信息公开的平台还应将公开信息的关键要素、审批过程和审批结果作为痕迹化资料保存,为公开民主管理考核提供依据。通过建设和完善公开的民主化财务管理信息平台,提高财务信息化管理水平,提高财务工作的效率。

(四)构建信息风险控制系统

电子政务对会计工作的开展产生深远的影响,不过还是有一些难题需要克服,这要在未来的具体工作中逐步进行。(1)完善高校财务信息管理制度。具体内容有确定会计岗位责任制,合理设置会计及相关工作岗位,使各岗位之间形成互相监督与约束机制。一是建立网络化环境下会计信息系统的岗位责任制,进行适当的职责分离,实行用户权限分级制授权管理。二是实施操作规程控制,设定操作过程中需要注意的问题,以使得计算机系统能够安全顺畅地工作,避免因为操作失误造成计算结果的差错。三是建立预防病毒的安全措施与对黑客的防护措施,防止高校财务数据信息遭遇恶性攻击及篡改。(2)完善高校财务网络安全制度。会计信息在网上的防护主要有以下两点:静态数据安全和动态安全。一方面可以通过采用安全的数据通信协议,采用安全性强的加密算法,使用一次一密、安全锁定等,建立有效的计算机病毒防范体系、网络漏洞监测和攻击防范系统。另一方面可以建立计算机安全应急机制,使用安全的财务软件信息平台,以确保会计信息及资金运行安全。

(五)构建绩效评价与决策系统

绩效评价是指用一套正式的结构化的指标体系来衡量、评价并影响与工作有关的特性、行为和结果,由此预测未来的发展可能性,为高校领导做出相关决策提供财务方面的信息依据。随着高校财务工作中全面引入电子信息技术,高校能够提供更加全面、共享、准确的财务信息,同时多种管理模型与决策方法的使用提高了高校财务工作的预测准确性,这样一方面能够准确掌握校内相关的会计核算实时信息,另一方面也能够为高校领导决策提供更加准确与实时的财务核算信息,还可以满足高校领导的监管需求,以及社会公众对高校的监督与认识需求。当前各高校不断加快自身发展速度,高校之间的竞争愈来愈激烈,因此高校应不断优化教育资源配置、提高经济效益、提高财务服务保障功能和财务管理水平。要实现这一目标,高校需要建立起完善科学的绩效评价体系,为管理决策提供准确、全面的财务核算信息,充分利用最先进的电子信息技术来支持财务系统的顺畅高效运作。

采用现代决策体制、原则与方法,以提高财务决策的准确性。在实际工作中,为了避免因为信息传输渠道单一、信息传递速度滞后以及信息准确度较低等因素所引起的决策偏差,要应用电子政务系统,利用现代决策体制、原则和方法,严格遵循科学的决策程序,有效地避免传统决策的种种缺陷。(1)建立完善和可操作性强的信息管理系统。以多个数据库与控制系统对信息进行加工整理,使财务决策工具和方法的运用变得简单化、可操作化,为决策提供全面、准确、即时的信息资源,以提高财务决策的有效性和效率。(2)建立财务、经济专家信息管理系统。以财务、经济专家完备的知识体系为决策出谋划策,提供科学的、理性的备选方案,为决策提供了有力的智力支持。(3)建立规范、科学的监督反馈系统。以其便捷、四通八达的信息反馈渠道,监督决策执行过程,保证决策执行按预定的方向进行,最终实现决策目标。

参考文献

[1]孙杰.高校财务管理创新理念与关键问题探索[M].长春:吉林大学出版社,2018.

[2]张庆龙.高校内部控制建设实施操作指南[M].北京:经济科学出版社,2018.

[3]李长山.现阶段我国高校财务管理的若干问题研究[M].北京:北京理工大学出版社,2017.

[4]李国友,王灵,朱伟.学政策明规则:财经法规与高校财务管理研究[M].上海:立信会计出版社,2017.

[5]乔春华.高等教育供给侧改革的财务视角[M].南京:东南大学出版社,2017.

[6]方芸.高校财务风险预警与防范策略研究:基于内部控制视角[M].北京:知识产权出版社,2017.

[7]金贵娥等.民办高校财务管理研究[M].武汉:华中科技大学出版社,2017.

[8]许长青.高校成本控制与财务风险防范[M].北京:社会科学文献出版社,2016.

[9]杨松令等.基于校院两级的高校财务管理问题研究[M].北京:中国经济出版社,2016.

[10]吴勋.中国高校预算绩效评价研究[M].北京:中国社会科学出版社,2016.

[11]张曾莲.高校财务管理创新研究[M].北京:经济管理出版社,2016.

[12]徐明稚等.高校财务风险及预警防范机制研究[M].上海:东华大学出版社,2015.

［13］李文豪.高等学校廉政风险防控体系之财务防范系统研究［M］.武汉：武汉大学出版社，2015.

［14］于谦龙.基于企业财务预警模式的高校财务困境预警研究：以教育部直属高校为例［M］.北京：企业管理出版社，2014.

［15］郑晓薇.高校财务预警：基于现金流量的研究［M］.北京：企业管理出版社，2013.

［16］庄子萱.云审计下高校内部审计全覆盖探索［J］.合作经济与科技，2018（22）：150-152.

［17］李霞，尤姣月.新常态下高校财务人员考评管理［J］.榆林学院学报，2018，28（02）：100-103.

［18］邓馨.提高高校财务绩效管理的有效措施探究［J］.科技经济导刊，2018，26（17）：180-181.

［19］白彦锋，陈珊珊，冯阔.实现高等教育均衡发展的财政政策建议［J］.经济研究参考，2018（12）：21-22.

［20］周康博.政府会计制度改革对高校财务管理的变革研究［J］.财会学习，2018（29）：22-23＋31.

［21］苏美旭.新形势下高校财务管理面临的问题及对策［J］.新西部，2018（02）：111-112.

［22］孙子茹.“互联网＋”下的高校财务管理创新探析［J］.延安大学学报（社会科学版），2018，40（05）：84-88.

［23］黄滕.我国高校财务审计工作现状及对策探究［J］.中国市场，2018（11）：151-152.

［24］姚琳.高校财务管理存在问题及其变革创新［J］.财经界（学术版），2018（19）：93.

［25］顾效瑜.高校财务绩效评价体系构建［J］.财会通讯，2018（08）：71-74.

［26］黄长应.高校财务绩效评价体系构建研究［J］.行政事业资产与财务，2018（05）：15-16.

［27］孙晶晶，曹宇.高校财务管理信息化浅议［J］.合作经济与科技，2018（03）：166-167.

[28]吴珍.大数据背景下高校财务管理信息化建设研究[J].财会学习,2018(01):47-48.

[29]张楠.政府会计改革背景下高校财务管理的创新研究[J].中国乡镇企业会计,2018(01):96-97.

[30]熊娜,撒晶晶,曾春丽等.政府会计改革对高校财务管理的影响[J].会计之友,2018(03):20-23.

[31]李慧艳.关于新会计制度下高校财务管理工作的创新研究[J].财经界(学术版),2018(03):84-85.

[32]周睿.新时期高校财务管理风险与审计策略[J].市场研究,2018(01):59-60.

[33]沈映霞.高校财务管理问题研究[J].中国集体经济,2018(09):143-144.

[34]仇雪.高校财务管理中对管理会计的应用研究[J].财会学习,2018(05):47-48.

[35]林亚男,梁红艳.基于绩效棱柱模型的高校财务管理绩效评价研究[J].福州大学学报(哲学社会科学版),2018,32(02):35-42.

[36]陈良.大数据时代高校财务管理创新的研究[J].经济师,2018(04):192-193.

[37]林海珍,谭银花,王颖.新时代下高校财务管理工作的改革与创新[J].经济师,2018(04):91-93.

[38]张茂.对当前高校财务管理若干问题探讨[J].纳税,2017(35):33＋36.

[39]秦蔚芬.高职院校财务管理目标转型存在的问题与对策思考[J].滁州职业技术学院学报,2017,16(04):24-26＋39.

[40]宋宁.浅谈内部审计在高校财务管理中的作用[J].辽宁师专学报(社会科学版),2017(01):139-140.

[41]唐静.论述高校财务管理绩效评价[J].中国集体经济,2017(14):117-118.

[42]王琳.高校财务管理模式改革探讨[J].合作经济与科

技,2017(01):91-92.

[43]章雯华.高校财务管理信息化系统功能设计思考[J].财会通讯,2017(01):121-123.

[44]胡静.内部控制视角下的高校财务管理优化措施探讨[J].时代金融,2017(03):235-236.

[45]张珺.新会计制度实行对高校财务管理工作的影响及对策[J].经济研究导刊,2017(09):82-83.

[46]王念.高校财务管理工作流程的优化设计[J].生产力研究,2017(03):145-147.